在我长大

# 力所能及的事

三五锄教育—— 著
侯志—— 绘

晨光出版社

# 在我长大之前

去掌握自己的人生，去感受充沛强烈的幸福。

## 去长大，去感受幸福

在为这套书写序之时，我和许多爸爸妈妈一样，刚刚度过一个焦头烂额的暑假。在餐厅、景区、酒店、博物馆、游泳池……所有亲子家庭聚集的地方，总能听到大人或无奈或哀叹甚至怒气冲冲地问某个"熊孩子"："什么时候你才能管好自己？什么时候你才能长大？"

"管好自己"，对孩子们来说，成了对"长大成人"约定俗成的判断标准。相应地，当孩子主动且坚持地践行了某个习惯，自动自发地完成了某件公共事务，抑或经过坚忍的磨炼取得了某项成就，大人就会欣慰地说："长大了，能做好自己的事了。"

如果说"管好自己"是长大极其重要的评价体系，那它涉及哪些方面的内容，不同年龄的孩子具体又该有哪些行为呈现，却始终没人能说清楚。好几次，我和一些年龄在6~13岁的孩子聊起"成人说的'管好自己'指的是什么"，80%的孩子认为是拥有良好的学习习惯，考取好成绩；75%的孩子认为是控制好自己的负面情绪，不乱发脾气；55%的孩子认为是掌握独立生活的技能、协助料理家务……其中一位一年级的小豆包坚持认为，"管好自己"，有且只有一个标准，就是"不打弟弟"。

我和孩子们的爸爸妈妈同样聊过这个话题,发现大人对怎么支持孩子"管好自己,长大成人"的规划也并不清晰。父母们多半基于眼前孩子的成长困境,提出自己的某种展望。比如,有个爸爸指出,自己的孩子太过性急,提出要求无法马上实现就会大发脾气,希望孩子能学会"延迟满足";有些父母期盼着,在当下快速消费的时代,孩子能学着算好财务账,不乱花钱,有"财商";有几个妈妈认为,孩子房间太乱,容易丢东西,希望孩子做好"整理收纳";更多的父母觉得孩子没有具体的目标,遇到困难很容易一蹶不振,希望孩子提高"抗挫力";几乎所有爸妈都忧心忡忡,担心孩子在社交中缺少经验,遇到麻烦……没错,看起来这些都是"长大成人"非常重要且具体的内容,但似乎又不是全部。再讨论下去,爸爸妈妈们也会陷入迷惘:我们期待的孩子的"长大"究竟是什么?我们该怎么和孩子讲述"成长"这个既宏大,又关乎无数一地鸡毛的日子,以及众多事无巨细行为的系统图景呢?

发现了吗?无论大人还是孩子,每个人都需要一份对"长大是什么""怎样做能成长"的具体、系统的行为阐述;一份指向自我接纳、社交、财商、目标管理等方方面面的多元发展百科全书;一套行之有效,供全家人日常翻阅、讨论、实践的"家庭成长清单"。我想,这就是这套书最大的意义。

每每翻阅这套书,我总是惊叹它的"一书多用"。

首先,它是一套关乎长大的"打怪闯关行为清单"。从五六岁的孩子到十三四岁青春期的孩子,都可以在其中找到适合自己的成长条目。

其次,它是一部关于成长的跨学科实用秘籍。从社会学、心理学、劳动技能诸多方面，为孩子阐明了"为什么做"和"怎么做"。

最后，也是非常重要的一点，它是日常亲子沟通的"桥梁宝典"。它使父母对孩子行为的评定，不再陷于"你没管好自己""你到现在还长不大"的质疑与否定中。这套书所呈现的温柔、细腻和积极思维，推动着小读者和家人们携手步入"长大"这一浩大广袤的岁月丛林，主动承担起每个人自我成长的责任，并由此完成每个家庭梦寐以求的"成长超越"。

每个流传久远的故事，都构建在某个英雄最后"长大成人，并获得幸福"的情节之上。我希望，并深深相信，每个阅读过、实践过这套书的孩子都能"长大成人，并获得幸福"，因为经由这套书，你们一定已经意识到，所谓长大与幸福，不是唾手可得，无法仰仗他人；更不是"金钱"、"游戏"、"短视频"或者"成绩"的绝对代替品，绝不是。

真实的长大和幸福，就在你对自己的接纳中，在你对他人的理解与支持里，关乎你在家庭和社会的创建。

行动起来！去长大，去掌握自己的人生，去感受充沛强烈的幸福。

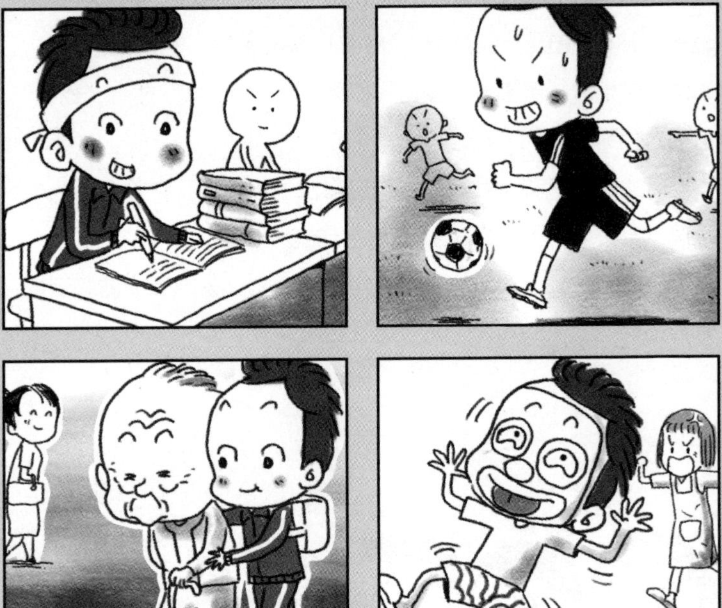

# 目录

1. 明确自己所扮演的角色 / 2
2. 良好的自我介绍是融入新集体的第一步 / 4
3. 微笑是你最好的名片 / 6
4. 对他人态度友善是良好教养的体现 / 8
5. 正确的自我评价是完善自我的开始 / 10
6. 认识体态的重要性①：坐有坐相 / 12
7. 认识体态的重要性②：站有站相 / 14
8. 外表像一面照着自己的镜子 / 16
9. 为自己选择合适的着装 / 18
10. 小孩子也要懂得冷暖自知 / 20
11. 无聊的时候，我会…… / 22
12. 想要拥有一只宠物？ / 24
13. 养一盆植物 / 26
14. 学着为自己准备一顿简单的餐食 / 28
15. 自己动手制作一杯果汁 / 30
16. 家人感染流感病倒了，我该做些什么？ / 32
17. 学会分辨变质食物，注意饮食安全 / 34

⑱ 为什么要勤剪指甲？/ 36

⑲ 良好的刷牙习惯是保护牙齿健康的小卫士 / 38

⑳ 爱护重要的身体器官：眼睛 / 40

㉑ 拥有一双善于发现的眼睛 / 42

㉒ 面对不擅长的事，要拼一下还是退缩？/ 44

㉓ 多多尝试，发现自己的才能 / 46

㉔ 为什么我的目标总是难以实现？/ 48

㉕ 为开学做一些准备 / 50

㉖ 忘记带书的尴尬 / 52

㉗ "益"想不到的专注力训练 / 54

㉘ 手工作业考验的不只是手工 / 56

㉙ 如何更专注地阅读？/ 58

㉚ 写字漂亮工整是一个加分项 / 60

㉛ 如果发明写作业机，你就万事大吉了吗？/ 62

㉜ 换种方式，写作业也可以变成很快乐的事 / 64

㉝ 善用图书馆，发现属于自己的宝藏库 / 66

㉞ 如果你是班级图书角的小小管理员 / 68

㉟ 如何完成一场有感染力的演讲？/ 70

㊱ 同学推选我做课代表，但我不想当 / 72

㊲ 如何成为班级中受欢迎的同学？/ 74

㊳ 怎样管理负面情绪？/ 76

�439; 如何面对焦虑，缓解考前压力？/ 78

㊵ 考了第一名，用一个奖品鼓励自己 / 80

㊶ 为春游做好准备 / 82

㊷ 简单皮外伤的应急处理 / 84

㊸ 注意交通安全，从专心过马路开始 / 86

㊹ 假如你想成为一名警察 / 88

㊺ 在街边遇到独自哭泣的小朋友 / 90

㊻ 总是忍不住脱口而出："妈，帮我……" / 92

㊼ 假如自己一个人在家 / 94

㊽ 停水停电后该怎么办？/ 96

㊾ 家里的电器你会用吗？/ 98

㊿ 及时更换家用电器的电池 / 100

(51) 认识打扫类工具：簸箕、拖把、吸尘器等 / 102

52 洗涤用品种类繁多，你会正确使用吗？/ 104

53 自己的衣服自己洗 / 106

54 学会收纳，整理好自己的物品 / 108

55 养成把东西放回原处的好习惯 / 110

56 被子里的秩序感 / 112

57 家具被划破，自己来修补 / 114

58 怎样为自己打造一个独处空间？/ 116

59 有人来做客，我能做什么？/ 118

60 如何成为一个受欢迎的小客人？/ 120

61 及时反省，自觉规范言行举止 / 122

62 别人的夸赞，要大方回应 / 124

63 做个专属攻略，带着全家去旅行 / 126

64 记住父母的生日，为他们办一场生日会 / 128

65 要不要在过年时为家人表演节目？/ 130

66 年末大扫除，迎接新年的到来 / 132

# 力所能及的事

# 1 明确自己所扮演的角色

在不同的社会生活中，每个人都扮演着不同的角色。

"你是个学生，你应该……"

"就算你是个孩子，也不该……"

听到类似的话，你不禁疑惑："到底怎样判断我该做什么？"

社会学家戈夫曼曾把戏剧比拟引入社会学，认为社会成员就像演员，在不同的社会生活中扮演着各自的角色。在不同的社会场景中，每个人所扮演的角色不同，所需承担的责任自然也不同。当出现上面的疑惑时，不妨试着想一想，自己当下所扮演的角色到底是什么。

在家中，你是"孩子"，你会得到很多亲人无私的爱，但同时你也要主动关爱他们，承担力所能及的家务。

在学校，你是"学生"，你的职责是好好学习，同时还要尊敬师长，团结同学。

在其他公共场合，你作为"社会公民"，以路人、顾客、游客等身份存在，这时你需要热爱祖国，自觉遵守并维护公共秩序。

明确自己所扮演的角色，是承担起人生责任的直观表现。当明确自身角色时，你就会自觉地以相应的身份做好自我调整，进行自我要求，自如地应对生活。如果感到"束缚"，你或许可以想一想，自己是否真正进到了相应的角色之中。

我们都是
生活中的小演员！
角色
在学校，
我是一个
成绩中等的
学生。
在球队，
我是万众瞩目的
大球星。
在马路上，我是
尊老爱幼、遵纪
守法的好公民。
在爸爸妈妈眼里，我永
远是他们调皮捣蛋但又
可爱无比的大宝贝！
我的
高级
面膜！
咧咧

## 2 良好的自我介绍是融入新集体的第一步

条理清晰的自我介绍能够让人更快记住你。

"请同学们进行一下自我介绍吧!"每当听到这句话,你都紧张得希望时间停止。但每进入一个新集体,自我介绍仿佛又是一个必不可少的环节。其实,只要做好准备,自我介绍并不可怕。而且,自我介绍很重要,它不仅是你融入新集体的开始,还是你锻炼自己、重新审视自己的好机会。

自我介绍通常从介绍名字开始,但很多时候说完名字,你可能就不知道该说什么了。这时你要想到,自我介绍的目的是让他人快速地了解你,那么你可以先思考三个问题:我喜欢或擅长什么?我现在正在努力做什么?我的优点是什么?

通过以上三个问题,你就可以想出自己的几个特点,为自己贴上突出的标签。从每个问题的答案中选一个最满意的答案,将它们按顺序放在介绍名字之后,一个基础的自我介绍就成型了。如果想让听众对你的印象更深刻,你还可以增加一些细节来丰富介绍的内容。

另外,做自我介绍时,一定注意抬头挺胸,面向大家,并控制好音量和语速。如果你性格内向,不擅长当众讲话,建议提前打好草稿,在家里做一些对镜练习,避免临场紧张。

开学仪式
接下来点到名字的同学请起立，大家互相认识一下。
李浩辰……
到——！
天哪，一班三个李浩辰，堪比火星撞地球的概率，你们说说，怎么区分你们吧。
大家好，我是左撇子，大家可以叫我“左浩辰”。
大家好，我力气很大，大家可以叫我“宇宙无敌超级大力浩辰”。
坐吧，大力浩辰。
大家好，我是不是很帅？请叫我“玉树临风超帅浩辰”。
哈哈
哈哈
坐吧，小树苗浩辰。

# 3 微笑是你最好的名片

真诚的微笑能触动心灵,学会用微笑做自己的名片。

提起微笑,你或许会想:"又不是每天都有开心的事,为什么要笑?"其实,作为传达感情与态度最直接的方式,微笑的力量很强大,并不是只有遇到开心事时才需要它。

微笑是你最好的名片,发自内心的真诚微笑能瞬间拉近你与他人的距离,并且展现你自信、积极、乐观向上的态度,让人觉得你很有能力,值得信赖。

心理学家做过一个实验,在大街上测试不同情况下钱包被归还的可能性,最终发现,装有婴儿微笑照片的钱包被归还的概率最高,达到35%;其次是装有快乐的家庭合照的钱包,概率有21%。可见笑容不仅表达友善,还能激发他人的善意。

很多成功人士都对微笑的力量推崇备至,"旅店帝王"唐纳·希尔顿甚至以"你今天微笑了吗?"为座右铭。因为他相信,微笑是一种简单易得的不需要花费任何本钱,却能给人带来无尽财富和好运的东西。

当然,我们鼓励微笑,并不是说要不分场合、每时每刻地保持微笑。在一些气氛严肃的场合保持微笑反而会让人觉得不被尊重。当你真的很难过时,也不必强迫自己微笑——只有做真实的自己,才能迸发出最真诚的微笑。

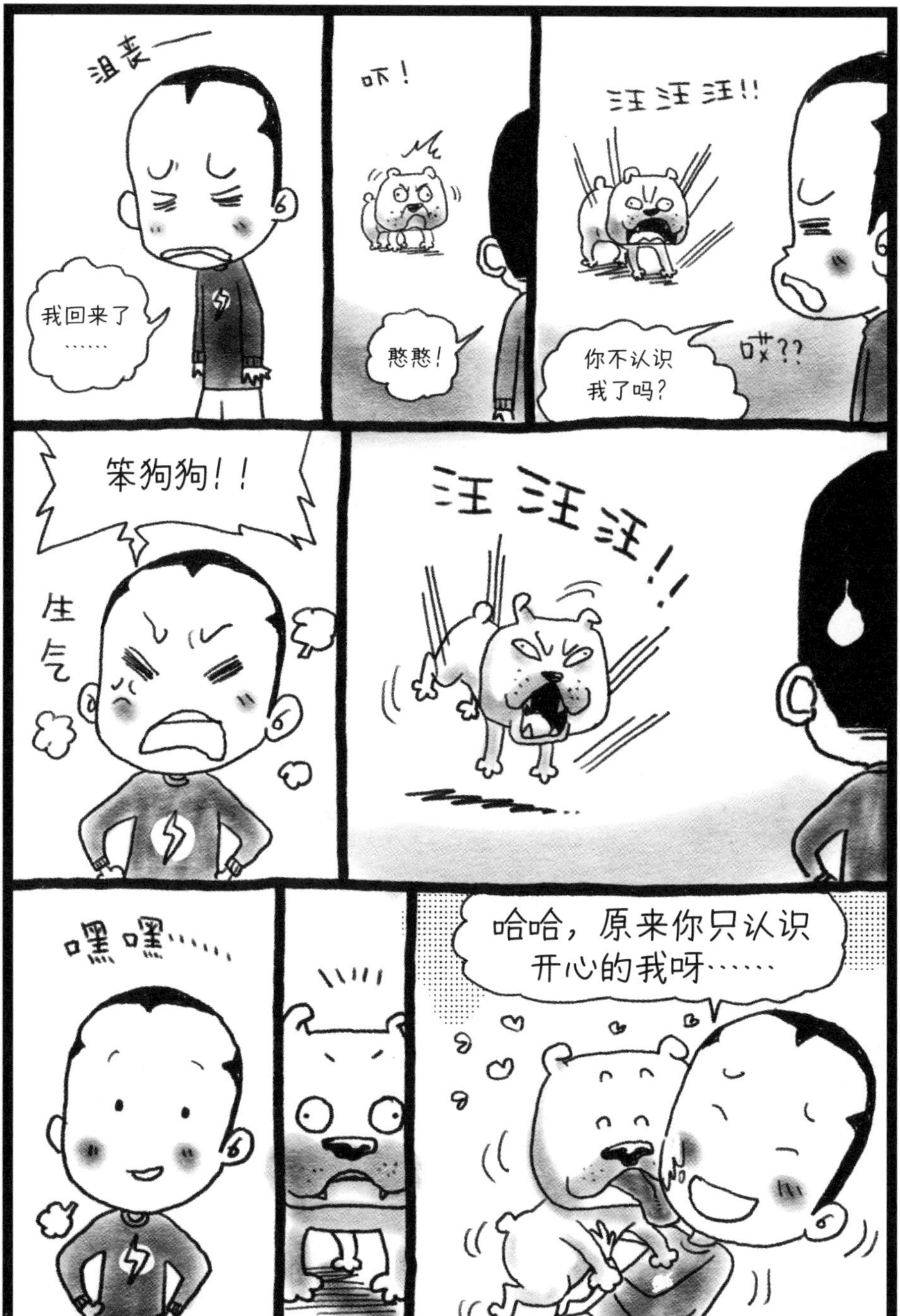
沮丧——
我回来了……
吓！
憨憨！
汪汪汪!!
你不认识我了吗？
哎??
笨狗狗！！
生气
汪汪汪！！
嘿嘿……
哈哈，原来你只认识开心的我呀……

# 4 对他人态度友善是良好教养的体现

教养的本质是对人和社会的关怀，绝不是刻意讨好。

在公共场合经过一扇弹簧门时，你会把门扶稳，方便后面的人经过吗？服务员不小心打翻你的果汁，你会找个幽默的借口化解他的尴尬与不安吗？如果这些都是你日常会做的，那么恭喜你，在别人眼中，你一定是一个很有教养的好孩子。

教养反映你内在的品质与道德标准，在人际关系中有着重要作用。你关怀别人，对别人展现出尊重、真诚的态度，别人通常也会如此待你。对他人态度友善便是你有教养的真实体现，能让你拥有健康的人际关系。

当然，教养是发自内心的"善"，绝不是刻意讨好。如果自己还饿着肚子，却花光钱请同学喝饮料，这可不是有教养的体现。

教养的本质是对人和社会的关怀。因为关心他人，我们懂得体谅、尊重他人，并对他人的帮助心怀感恩。因为关心社会，我们自觉遵守规则，维护和平的社会氛围，不为一己私利破坏社会秩序。

教养是家庭和学校教育、社会影响及个人修养的共同结果。大量的阅读、反复的思考、丰富的经历都能让你变得更有教养。另外，性格急躁是教养的一大天敌。做到遇事冷静、耐心，教养就会在不知不觉间找到你哟！

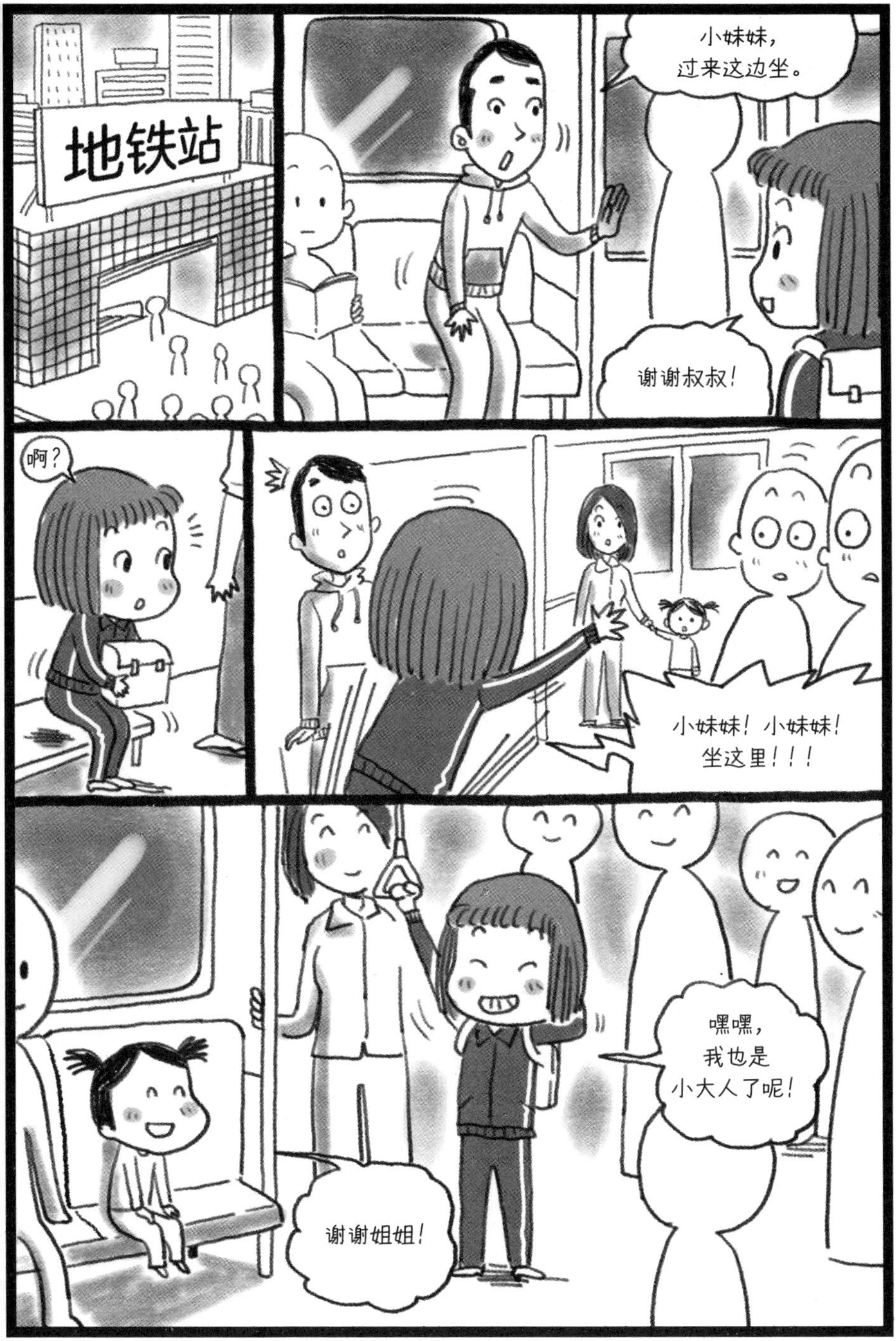
地铁站
小妹妹，过来这边坐。
谢谢叔叔！
啊？
小妹妹！小妹妹！坐这里！！！
嘿嘿，我也是小大人了呢！
谢谢姐姐！

## 5 正确的自我评价是完善自我的开始

比优缺点更重要的是，每个人都应正视自己的特点。

从出生到现在，你不断认识世界，认识他人，在对他人做出评价的同时，也不断被他人评价。那么，你如何评价自己呢？

通过他人的评价和与他人的比较，你或许能够得到一个简单的自画像，但其中多少会有些偏颇。别人评价中的"缺点"，有些可能只是他人偏见的投射，并非你真正的缺点。比如，你是左撇子，有人觉得这很怪，换个人可能就会觉得你很酷、很聪明。学会接纳自身不能改变的特点，不再因它们而纠结，是正确认识自己的开始。

还有一些当下看似是缺点的地方，比如找不到目标、没有擅长的东西，会随着你的成长，在你不断探索和学习的过程中发生改变。

当然，对那些真正阻碍我们成长的缺点，如傲慢、暴躁、做事三分钟热度等，我们也要学着去克服。另外，还要正视并积极发扬自己的优点，避免将曾经的优点变成阻碍我们发展的缺点，比如果断是个好品质，但无知的果断就会变成鲁莽。

认识到自己是一个独特的个体，并对自己做出正确的评价，接纳不能改变的，完善能够改变的，我们才能成长为更好的自己。

**优点与缺点
相声大会**

我觉得，优点和缺点可能是同一个特质的正反两面。

头一次听说，您展开说说。

比方说，我的优点是总能找到自己的优点。

嗯，就是这么自信！

再反过来说呢，我的缺点也一样。

呦嗬，真新鲜哪。怎么一样，您给说说？

我的缺点就是找不到自己的缺点。

可去你的吧！

咚！！

呀！

# 6 认识体态的重要性①：坐有坐相

能让自己健康的坐姿才是真正舒服的坐姿。

不知从何时起，你总会被父母提醒："坐好！要坐有坐相！"你一边觉得父母管得实在太多，一边疑惑，不过就是坐着，不同的姿势能有多大区别？

事实上，一个人的坐姿和站姿对外展现着他的修养、秉性、家教等综合素质，端庄的姿态不仅能给他人留下大方优雅的良好印象，还能提高注意力和学习效率，并且预防很多慢性疾病。

脊柱是人体的重要器官，青少年时期更是脊柱和骨骼发育的关键时期。不良坐姿轻则破坏肌肉平衡，导致背部肌肉疲劳、僵硬，引发背痛，还有可能诱发近视，重则造成驼背、颈椎病、脊柱畸形等不可逆的损伤。

那么，怎样才是正确的坐姿呢？两个字——端正。

坐立时要头抬正，目视前方，上身自然挺直，双肩自然张开呈水平状，大腿和小腿间基本呈直角，双脚自然平放在地上，使身体重心落在臀部。另外，切记不要抖腿。

如果已经形成了不良坐姿，你还可以通过针对性地做些体态训练，如胸部伸展、背部伸展等，来重塑坐姿。另外，瑜伽、普拉提等运动也可以增强肌肉力量和平衡能力，对调整坐姿具有积极作用。

啊——
唉——
这是什么生物呀，可真有趣！
我知道，是软体动物！我在这个星球的介绍里看到过，它们没有骨头……
作业写完啦！看电视咯！
再观察观察，哈哈！
他好像有骨头呀！

# 7 认识体态的重要性②：站有站相

体态健康是与学业、品德同等重要的成长部分。

"站有站相，坐有坐相"，站姿和坐姿从来都是相伴而出的。坐姿要求端庄，站姿则要求挺拔。端庄的坐姿显得人大方优雅，挺拔的站姿则让人显得很有精气神，让别人感觉你认真且自信——解放军叔叔挺拔的军姿就是一个很好的例证。

相对地，不良站姿则会损伤背部肌肉、脊柱、颈椎等，严重威胁你的正常发育和身体健康。人体是个复杂的相互作用的整体，当某个部位出现问题破坏了原有平衡时，身体会通过其他部位的代偿来实现一种新的平衡。这种不正常的新平衡则会造成某一部位过度受力，加快损伤，产生一系列健康问题。比如，长期单肩背包或将重心放到一条腿上站立，就会造成高低肩、脊柱侧弯等异常体态。

站立时，应将重心放在双腿上，头正，颈直，挺胸收腹，不斜肩，双臂自然下垂，从头到脚看上去是一条直线。这样正确的站姿不仅让你看起来挺拔精神，还能增加胸腔的容积，让体内的器官更好地发育。

"站如松，坐如钟"，我国自古就有这样对体态美的界定。为了拥有更健康、自信、积极阳光的美好未来，从现在开始调整自己的站姿和坐姿吧。

垃圾

摇摇晃晃~

软~

你看吧，我就说这肯定是软体动物，书上说了，这种动物就是站不直，总是需要歪着、靠着！

原来如此，你懂的好多呀！

## 8 外表像一面照着自己的镜子

良好的外表能让你呈现出更自信的一面。

"爱臭美"和"小邋遢",你在别人的评价里属于哪一类呢?无论是哪种,我们都知道那不一定是真实的你。不过,心理学家曾发现一种"晕轮效应"——如果只根据照片来评价一个人,好看的人往往得到的评价更高。这就表明,良好的外表能让我们获得更多尊重与机会。因此,适度地重视自己的外表十分必要。

美的形态有千万种,健康美、着装美、心灵美等等,各种美汇集在一起,通过外在表现出来,塑造一个自信的你,让他人对你产生好感。

保持个人卫生会给人以舒适感,利落的发型、洁白的牙齿等都直接反映你的健康状况和生活态度。着装风格则体现一个人的个性、习惯及社会角色。合适得体的着装会让人感觉被尊重,过度夸张的奇装异服则会给人以不适感。着装与个性协调,能更好地助力你展示自己,让你呈现出最自信的一面。此外,清晰有力的表达、干脆坚定的行动,都是良好外表的一部分。

外表就像一面镜子,照出我们的内心世界,是我们美好内心的向外映射。你举手投足间的表现都深刻影响着别人对你的认知。所以,自信是展示良好外表,赢得好印象的不二法宝。

学校举办联欢会，
妈妈帮我参谋下吧！
好啊！
怎样？
太浮夸了……
这个呢？
太邋遢……
现在呢？
太古板了……
好难选啊！
我觉得现在穿的
就很适合你，很可爱呢！
嘿嘿……
真的吗？
KAKA

# 9 为自己选择合适的着装

穿衣规则 = 内心规则 + 社会规则

在很小的时候，你每天穿什么衣服几乎都是父母替你决定的。长大一点后，你渐渐有了自己的审美和想法，开始想要自己决定每天穿什么，却突然发现，搭配衣服并非易事。有时你精心搭配的衣服，不知为何却会招来周围人奇怪的注视。问题到底出在哪里呢？

答案是——不合时宜。想象一下，如果看到寒冬腊月有人穿着短裤，光着腿走在雪地里，或者有人穿着晚礼服配拖鞋在操场上跑步，你是不是也会好奇地审视一番？

莎士比亚曾说："服饰往往可以表现人格。"穿着是否得体显示着你内心是否尊重他人，尊重社交规则。有一个著名的服装穿戴原则——场合着装，即根据时间、场合、目的来选择相应的服装。场合着装需要我们更多地了解社会规则，尤其是在一些较为严肃的场合，不能随意穿搭，比如升旗仪式上要穿整洁统一的校服，出席典礼则要穿笔挺隆重的礼服。

场合着装是一种语言，养成整洁干净的穿衣习惯，不敞衣散扣，不脏污邋遢，真正的涵养体现在认真对待生活的细节之中。这样，即使没有华服贵裳，你也依然能够散发出自信与光彩，给他人留下美好的印象。

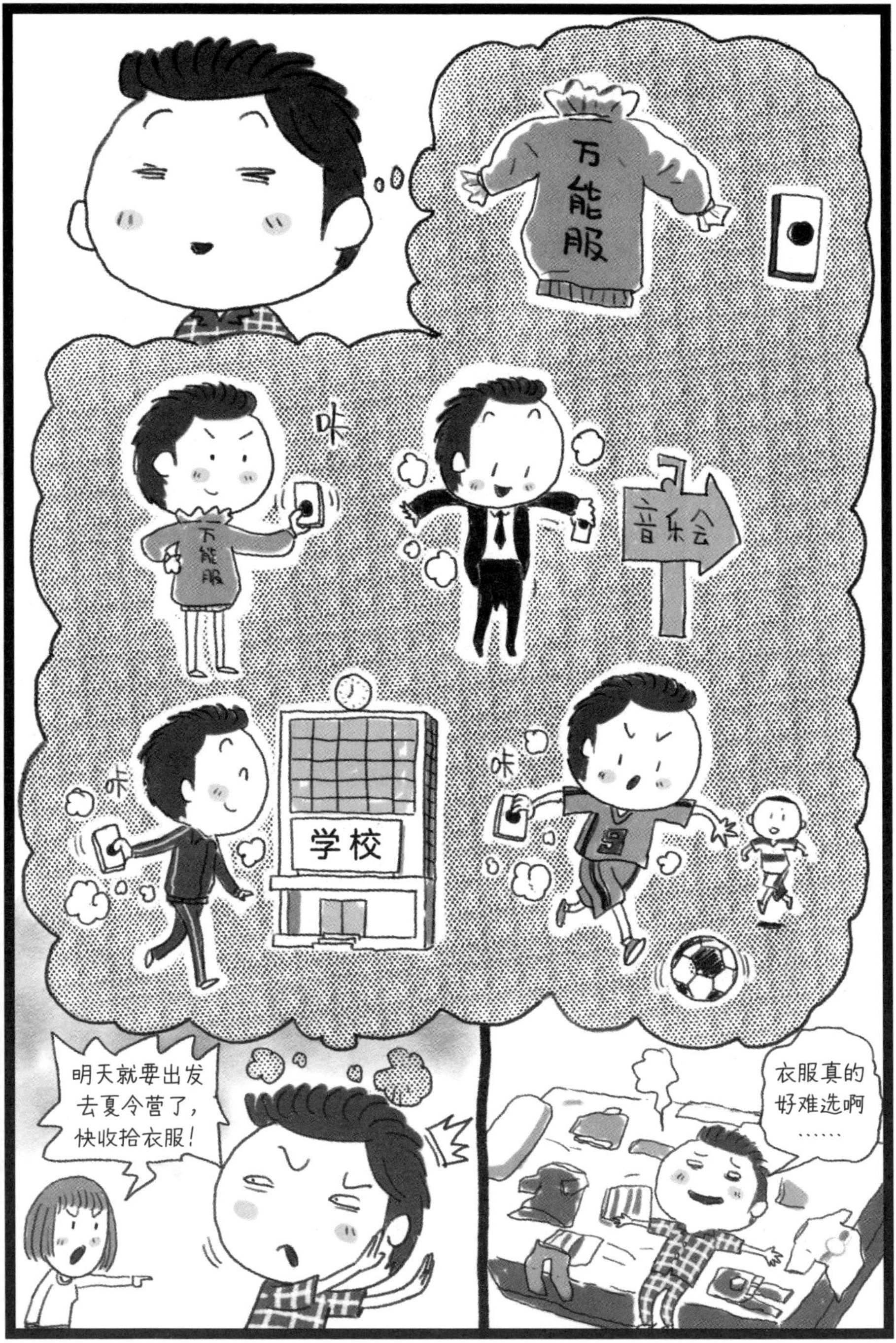
万能服
咔
音乐会
咔
学校
咔
明天就要出发去夏令营了，快收拾衣服！
衣服真的好难选啊……

# 10 小孩子也要懂得冷暖自知

**学会增减衣服让自己时刻舒适。**

年纪尚小的你可能对自己喜欢的衣服并没有太多自主选择的权利，大多时候都是妈妈让穿什么就穿什么。但实际上，你肯定也有了对穿衣薄厚和美丑的想法。为了能尽早实现自己的穿衣自由，很关键的一点是要学会根据天气、室内温度等环境条件增减衣服，保证自己舒适与健康。

在我国，大部分城市白天和晚上的温差都较大，所以及时增减衣物需要掌握一些技巧。整体而言，26℃是体感比较舒适的温度。在寒冷的冬天，我们可以按照下面这个公式进行换算：26℃ = 衣服可抵御的温度 + 外界环境的温度。

不同衣服可抵御的温度大致如下：长袖T恤、薄长裤（1℃）；秋衣、秋裤（2℃）；卫衣、加绒裤子（3℃）；厚毛衣、厚外套（4℃）；轻薄羽绒服（7℃）；棉服、毛呢大衣（9℃）；羽绒服（12℃）。另外，还有一个宝藏衣服类型——马甲！它不仅可以保护前胸后背不挨冻，还可以方便手臂活动和散热。

知道这些以后，再根据你所在城市的气温变化，以及教室或者其他室内环境的温度，随时添减衣服，你就可以一直获得比较舒适的体感了。现在，试着从衣柜里为自己找一套既好看又舒适的衣服吧！

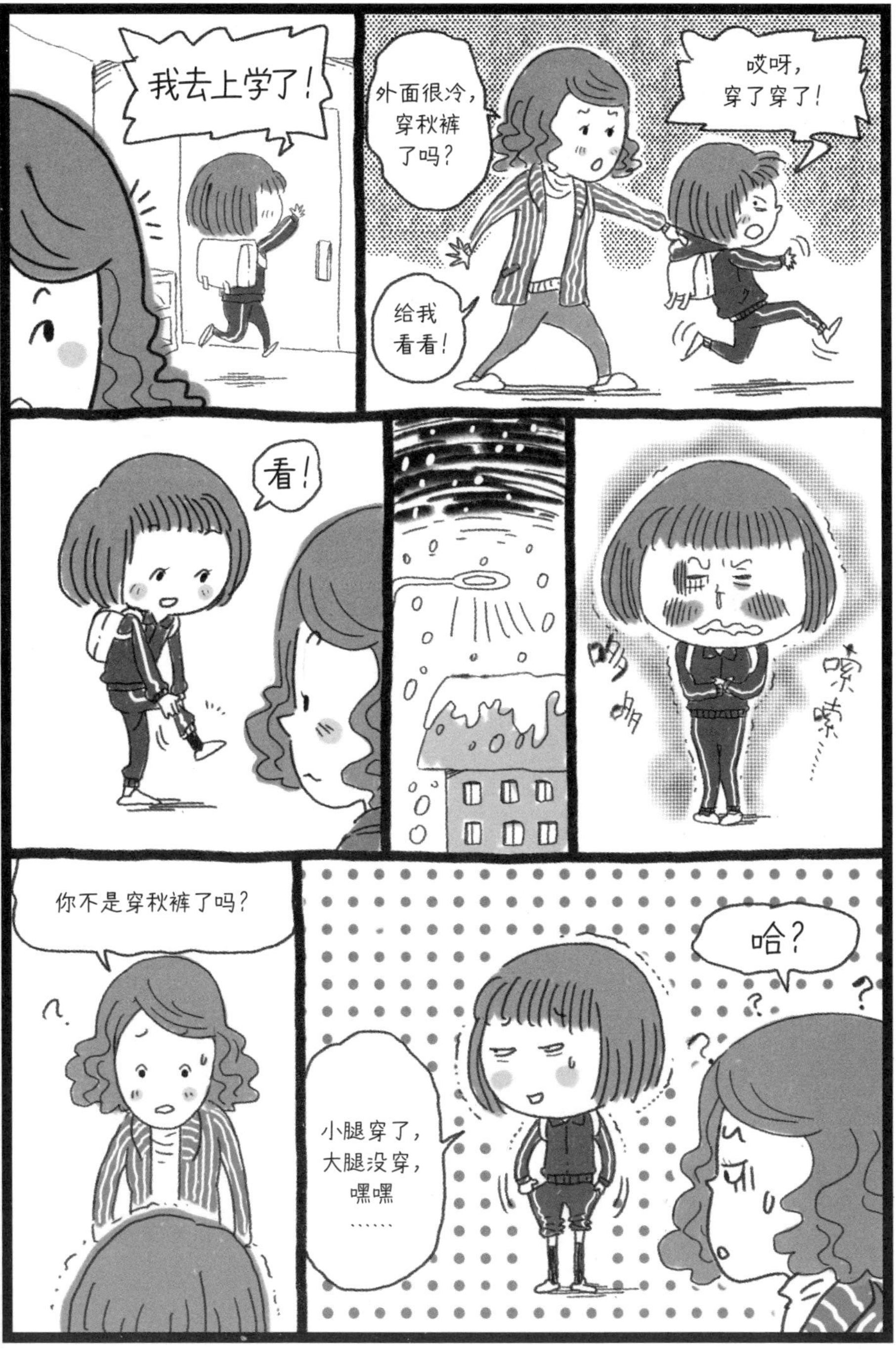
我去上学了！
外面很冷，穿秋裤了吗？
哎呀，穿了穿了！
给我看看！
看！
你不是穿秋裤了吗？
哈？
小腿穿了，大腿没穿，嘿嘿……

## 11 无聊的时候，我会……

学会处理空白的时间是摆脱无聊的关键。

人们在无所事事的时候，就容易感到无聊，这是因为任务的缺乏与时间的充裕让我们有更多的精力去关注时间本身。想一想，当你感到无聊的时候，时间是不是好像也过得很慢呢？

无聊其实是一种常见的情绪，随之而来的可能还有"不满足""不开心""没兴趣"，也就是说，此刻外界发生的事情让我们缺乏体验感和满足感。因此，无聊的产生，有两个必要条件：第一，是时间的充足；第二，是心理上的不满足。它是一个涵盖时间和心理层面的双重概念。不过，换个角度想，有了充足的时间，思想也会有活动的空间；由于存在心理上的不满足，我们才会有进步的动机。所以，无聊又是大脑发出的召唤，提醒我们需要更加投入地思考。

想要从无聊的感受中脱离出来，根源在于怎样处理空白的时间。有人会刻意安排一些活动来将空白的时间段填满；有人愿意默默地感受时间的流逝，任由思想放空，在想象的世界中遨游，说不定会收获意外惊喜；还有人会利用这段时间，让大脑好好休息休息。

无聊不期而至，在它到来之前，不如好好想想你想怎样面对空白的时间吧。

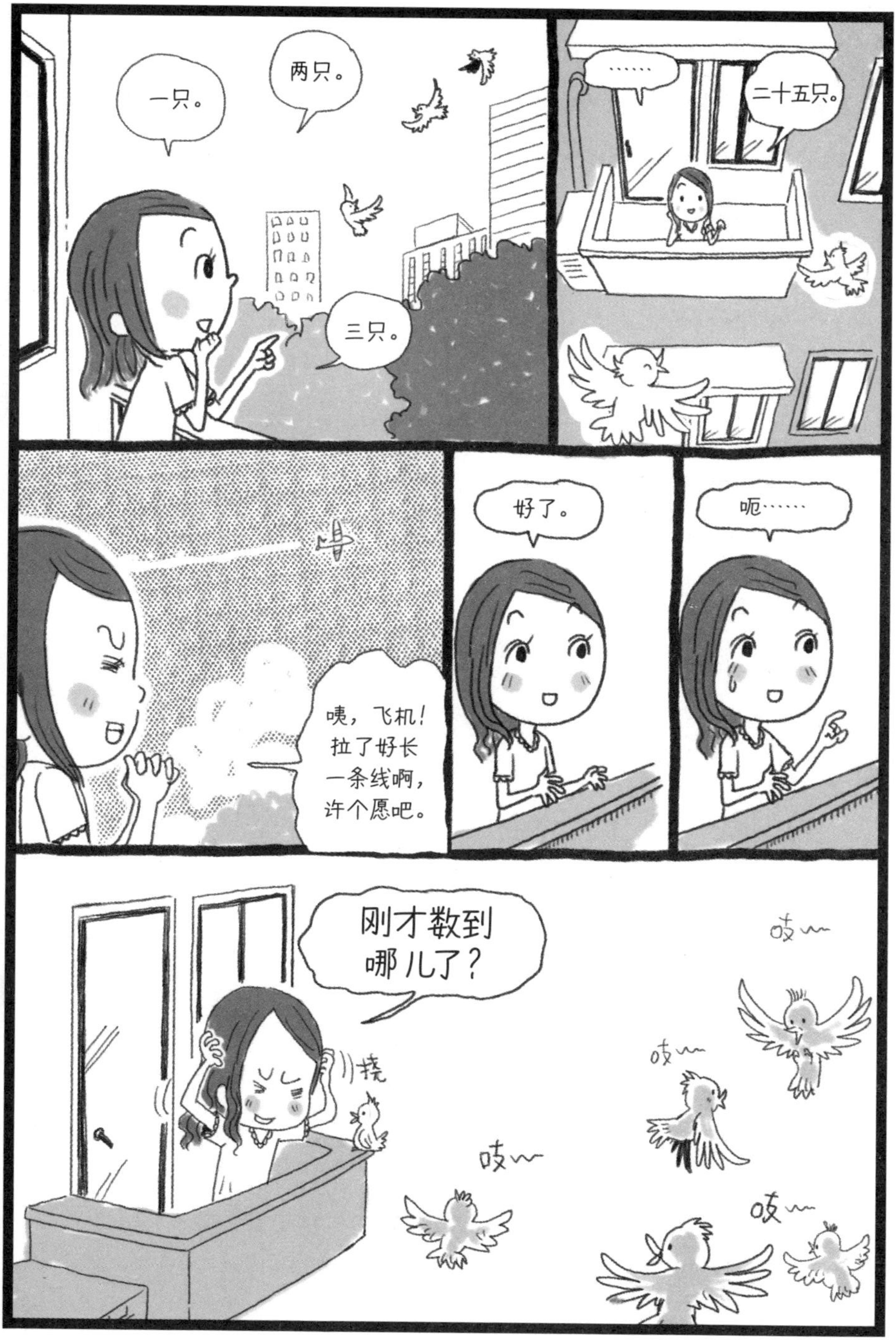

一只。
两只。
三只。
……
二十五只。
咦，飞机！拉了好长一条线啊，许个愿吧。
好了。
呃……
刚才数到哪儿了？
挠
吱~
吱~
吱~
吱~

## 12 想要拥有一只宠物？

宠物给你带来快乐，但也需要你为它的生命负起责任。

你有没有闹着爸妈要养宠物的经历，比如毛茸茸的小猫、小狗，或者滑溜溜的小乌龟？

停！在确定是否要养宠物之前，你首先要明确自己是否拥有养好一只宠物的能力。你知道的，"养"和"养好"可是两个完全不同的概念。

就像父母精心照顾你一样，宠物不只是单纯给你带来快乐的存在，同时也需要你为它付出时间、精力和情感，还需要你有足够专业的喂养知识。养宠物绝对称得上是一项艰巨的任务，因为你要对一个小生命负起责任。哪怕看起来好像很好养的金鱼，喂食、换水也是非常讲究技巧的，因为一着不慎，这个小生命就有可能因此终结。

如果你做好了克服一切困难的心理准备，那么就可以进行接下来的两步了：第一，了解你要养的宠物的品种及特性，根据它的需求，提供一个舒适的生活环境。第二，学习正确的喂养知识，向父母证明你有能力照顾和陪伴它，并能持之以恒坚持下去。

与其说"养宠物"，不如说是"对生命的长期陪伴"。你真的准备好了吗？

# 13 养一盆植物

从植物一点一滴的变化中感受微妙的生命历程。

如果要养一盆植物，你会选择什么呢？是浑身长刺的仙人球、肥肥胖胖的"多肉"，还是端庄大方的君子兰？无论养什么植物，给予它细致入微的照顾，仔细观察它每一寸的变化，都可以收获一份奇妙的生命体验。

选好心仪的植物，接下来就是好好养护。你需要根据植物类型，定期为它松土、除虫、浇水，带它晒太阳，还可以写下观察笔记来增添乐趣。

比如，春天是最适合播种的季节，种子需要几天才会发芽？在阳光的照耀下，植物的叶片是不是油亮亮的？用手碰一碰叶片，它能回弹吗？刚生出的幼芽恐怕禁不住风吹雨打，所以雨天最好把它从阳台搬回室内。不过，倒也不用急着给它擦干雨滴，要相信它的生命力，不妨来看看吸饱了水分的叶子有哪些变化吧。你还可以拿出尺子，量一量叶片长度、叶柄高度等，详细记录下这些数据。用相机来定格这个瞬间，或者用彩笔将它的姿态画下来。然后，静待十天半个月，再重复这些操作，你会发现植物在告诉你"我在悄悄长大哟"。

养一盆植物，通过它来跟阳光、雨露对话，在不知不觉中感受奇妙的生命变化吧。

观察日记

花鸟市场

有人说，仙人球买回家根本不需要养，放在那里就能活……

嘻嘻，还是这个适合我！

仙人球观察日记

## 14 学着为自己准备一顿简单的餐食

柴米油盐中也有成长和修行。

独自在家的时候,你都是怎么吃饭的?是随便找点零食凑合,还是点外卖或出去吃?又或者,你已经会为自己准备一顿简单的餐食了?

俗话说"民以食为天",吃饭是我们生存的基本需求,做饭则是最基本的生存技能。或许你会疑惑,现在生活这么方便,为什么还要自己做饭?

一日三餐馈赠给我们的不只是健康的食物,还包括了建立良好的生活习惯,拥有独立自主、认真对待生活的态度。对食材的挑选,对菜式的规划,对厨艺的钻研,对他人喜好的兼顾,都是用心生活的体现,考验着我们统筹协调和解决问题的能力。只有亲自体验做饭的过程,才能切身体会到一餐一饭的来之不易,更加珍惜别人的劳动果实,不浪费粮食。

另外,自己做饭也意味着自己做决定,是对生活的掌控。蒸、煮、煎、炸、炒、炖等不同烹饪方式,下锅的顺序,做菜的时间,火候的掌握,你的每一步选择都决定着最终呈现出来的结果。你可以随心所欲地创造属于自己的美食,体会创作带来的快乐和成就感,而与他人分享自己创造的美食,更会为我们带来积极的社交体验。

班级厨艺大赛
我要做蛋炒饭。
我要做笋片炒肉。
我要做的暂时保密，一会儿大家就知道了！
空空如也
半小时后
做好啦！
嘿嘿，饼来了！
拿出
来点炒饭。
我的菜……
再来点笋片。
这是我的全家福卷饼！
这样也行？！
咚！

## 15 自己动手制作一杯果汁

从水果到果汁,一点点变化,让生活更多彩。

看着街边饮品店里各式各样的果汁,你馋得直流口水,妈妈却说那些东西不健康,让你少接触。你难过地哀叹,妈妈总让我多吃水果,难道吃水果健康,喝果汁就不健康了吗?

既然如此,不如回家自己动手做一杯鲜榨果汁,找找其中的答案吧。拿出家里的榨汁机和两个橙子,几分钟就可以轻松完成一杯真正的鲜榨果汁。倒出来尝一下,哎呀,又酸又涩!现在懂了吧?

市售的果汁为了让口感更好,会添加多种添加剂,包括白砂糖、果葡糖浆、食用香精、柠檬酸钠等食品添加剂,让你快速食入超过一天正常摄入量的糖和能量。并且,比起直接吃水果,喝果汁很容易吸收更多糖分,使血糖快速上升,给身体带来负担,引发肥胖或患上糖尿病等疾病的风险。

当然,这也并不代表果汁完全不能喝,毕竟甜味是人类基因的喜好。早在唐朝,咱们的老祖宗就开始饮用乌梅浆、葡萄浆等多种形式的果汁了呢。

不要浪费你刚刚榨出的那杯鲜橙汁,加点雪梨和适量的糖,再重新加工一下,你会发现橙子的酸涩已被中和,一杯美味的雪梨橙汁就这么诞生了。

今天要给妈妈露一手，等她回来给她送上一杯鲜榨橙汁！
选我，选我！我是果冻橙，里面又弹又软，水分还充足！
选我，选我！我是赣南脐橙，每天光照充足，它肯定没我甜！
大孩子才不做选择。
你们两个我都买了！
抓
抓

## 16 家人感染流感病倒了，我该做些什么？

做好自己的事情，就是对病倒的家人最大的关心。

每年冬、春季，是我国流行性感冒的高发季节。如果家中有人不幸病倒，作为孩子，我们能做些什么呢？

流感一般是由呼吸道病毒引发的，具有发生突然、传播迅速、发病率高的特点。所以，当家人出现流感症状时，我们应第一时间做好个人防护，戴好口罩，勤洗手，打开空气净化器，防止自己也病倒后反而需要病中的家人再来照顾自己。

然后，最重要的就是把自己应该做的事情做好，比如按时完成作业，及时吃饭上学，不惹是生非，等等。让家人能够得到充足的休息，不再为这些烦琐的事过度担心和操劳。

如果自己的事情都已安排妥当，你还可以做一些力所能及的家务。打扫、整理屋子，做好消毒——对病人经常接触的门把手、水龙头、各种电器开关等，使用含氯消毒液进行表面擦拭消毒，将病人用过的餐具、毛巾等煮沸消毒。如果你会做简单的饭菜，还可以给病人做一些有营养的食物，帮助病人补充体力，击败病毒。注意，饭菜要做得比平时更软烂，易消化一些，因为消化对病人的肠胃来说也是一件很费力的事。

最后，要注意保持安静。

嘘——病人要休息啦！

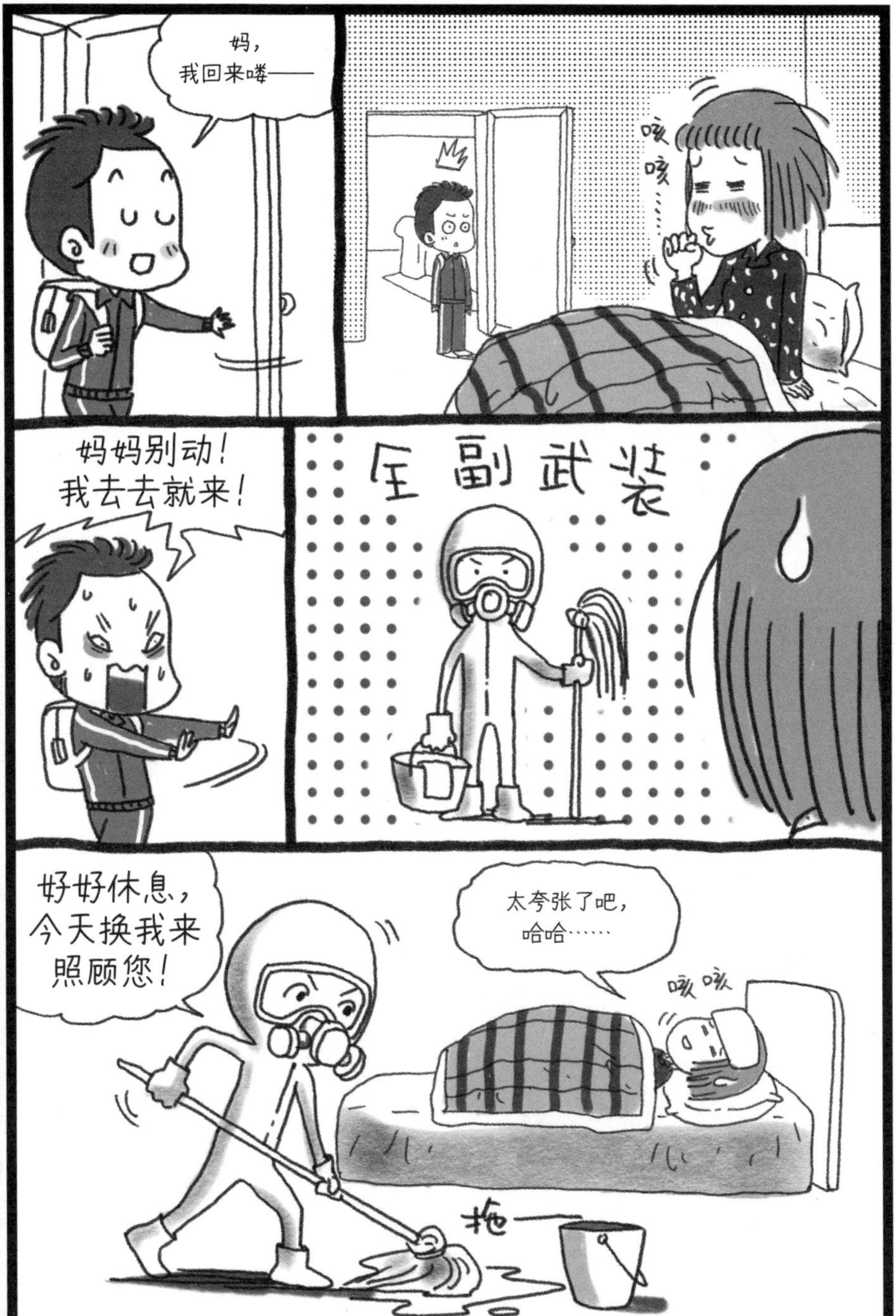
妈，
我回来喽——
咳咳……
妈妈别动！
我去去就来！
全副武装
好好休息，
今天换我来
照顾您！
太夸张了吧，
哈哈……
咳咳
拖——

# 17 学会分辨变质食物，注意饮食安全

一旦吃了变质食物，轻则恶心呕吐，重则危及生命。

你回到家打开冰箱，拿出昨天的半块西瓜就要吃……

停！先看看西瓜是否变质再吃吧。美味的西瓜可不止你喜欢，隔夜西瓜的切开面可是各种微生物最喜欢的聚集地。

俗话说，病从口入。一旦吃了变质食物，轻则恶心呕吐，重则危及生命。所以，学会分辨变质食物，是人人必备的基础生活技能。

对于标注了生产日期和保质期的食物，吃之前要确认其是否还在保质期内，并且在开封后尽快吃完。对于没有标注保质期的食物，则可以从色泽、形态、气味等多方面观察。很多变质食物上都会长出灰色或绿色的霉斑，有时甚至还会长出一片白色的毛毛，闻起来往往伴随酸腐的臭味。

有些食物变质后，外观、气味好像都没什么异常，危害却极大。比如泡发时间过长的木耳，看着好像还很新鲜，但上面滋生出的椰酵假单胞菌会产生一种叫"米酵菌酸"的毒素，吃进肚里可能会有生命危险。

还有些食物看似异常，实际却并没有变质，比如切开后变色的苹果。所以，为了自己的饮食安全，只有多加学习才能更好地做出正确判断。

长毛的东西能不能吃?

**长毛的面包**
× 坏掉啦,不要吃!

**长毛的米饭**
× 变质啦,不要吃!

**长毛的豆腐**
×/√? 这不是我最爱吃的毛豆腐吗!

**长毛的猕猴桃**
√ 这可是猕猴桃最重要的特征呢!

## 18 为什么要勤剪指甲？

注意个人卫生，从勤剪指甲开始。

我们的身体和房间一样需要定期整理和清扫，头发长了要剪，指甲长了也要及时修剪。如果仔细观察，你就会发现身边有很多人经常爱用牙咬、用手撕指甲，唯独不爱剪指甲。人们会撕咬指甲的原因有很多种，遗传、模仿、焦虑等，还有一个触发原因至关重要——指甲过长引发的撕裂或倒刺。

我们每天会用手接触许多不同的东西，做很多冲击性动作，过长的指甲容易被撞击或扭曲，引起断裂。在没有合适工具的情况下，人们就会不自觉地撕咬断裂的指甲，这个动作不仅会将指甲中的细菌食入口中，还会破坏甲床皮肤，造成出血、感染。长期咬指甲又会导致倒刺频发，最终陷入恶性循环。因此，定期修剪指甲非常有必要，不仅可以防止倒刺和撕裂的发生，减少受伤风险，还能保持手指的卫生和清洁，预防细菌、真菌滋生，引发相关疾病。

剪指甲看似简单，但也要讲究要领。过度修剪会导致指甲向甲沟里生长，引发甲沟炎。修剪时，拿一把趁手的指甲钳，在距离指尖一毫米左右的地方，沿指尖平齐方向先将指甲剪出一条直线，再对指甲边缘稍作修剪、打磨即可。

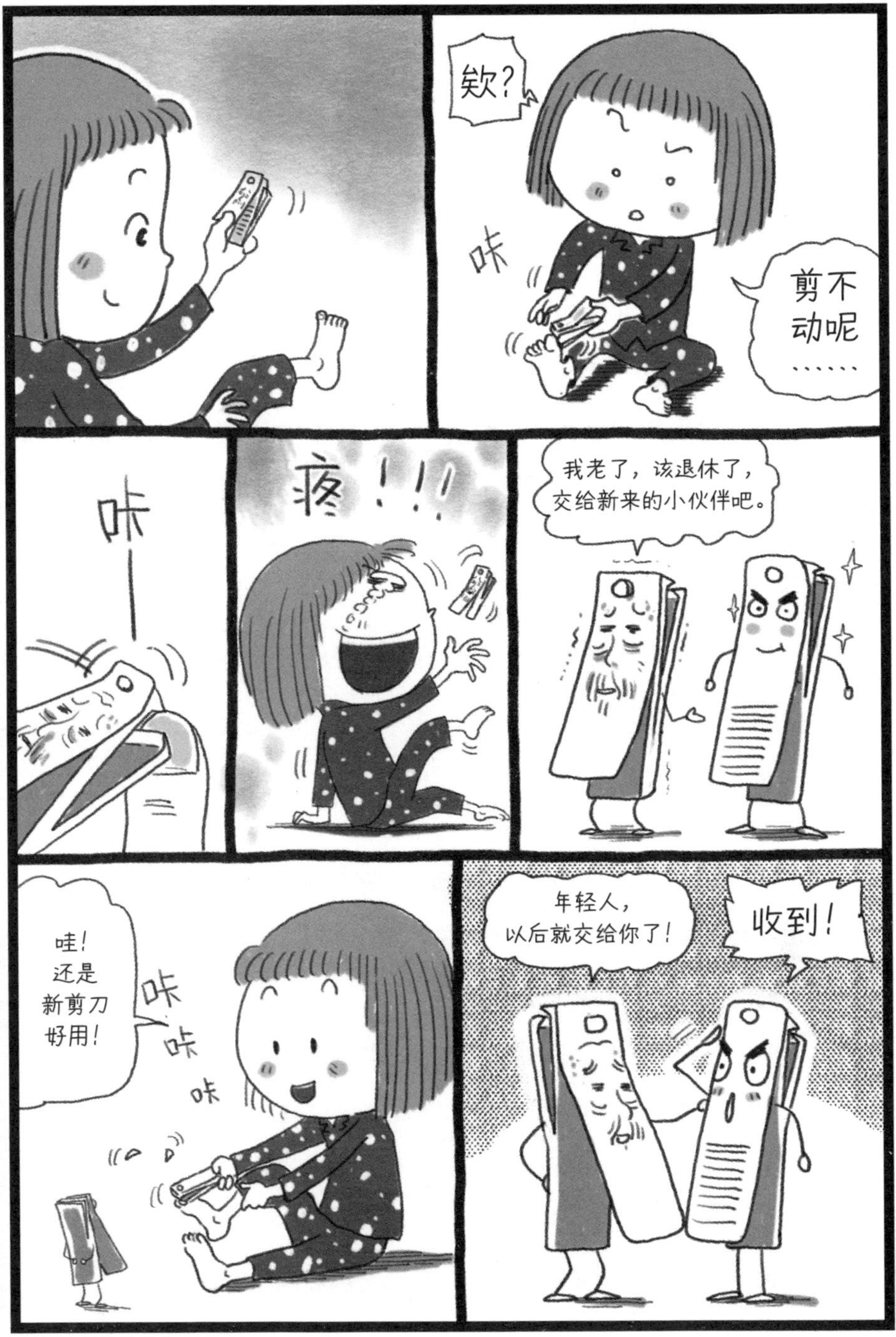

欸？
咔
剪不动呢……
咔——
疼！！！
我老了，该退休了，交给新来的小伙伴吧。
哇！还是新剪刀好用！
咔
咔
咔
年轻人，以后就交给你了！
收到！

## 19 良好的刷牙习惯是保护牙齿健康的小卫士

正确的刷牙方法能够帮你保持牙齿清洁，预防蛀牙。

"啊，牙好疼！"当你喊出这句话时，是不是仿佛看见了牙医手里的钻头正在向你招手？

牙齿是人体的重要器官，品尝美食、说话、唱歌、做丰富的面部表情，都少不了它的配合，所以保护好牙齿是一件非常重要的事。

守护牙齿健康，首先要养成良好的刷牙习惯，坚持早晚正确地刷牙。可别小看刷牙，它可不只是随便刷刷那么简单。如果方法不当，反而会伤害牙齿。

每天有各种食物残渣附着在牙齿表面和缝隙中，细菌就会以此为地基聚集过来，形成阵地——牙菌斑，再在这片阵地里生成各种腐蚀酸，破坏牙釉质，导致龋齿。牙菌斑一旦形成，就会像城墙一样坚固，需要花费很大力气去除。正确的刷牙方法可以帮你及时清除这些食物残渣，直接破坏形成牙菌斑的地基。

刷牙时，刷毛应倾斜45°，放在牙齿和牙龈交界处，轻微深入牙龈沟才能将藏在缝隙里的食物残渣清理掉。轻刷清理牙龈沟，上下摆动牙刷清理牙面，先刷外侧面，再刷内侧面。以两到三颗牙齿为一组，顺着牙缝轻刷三下，再移至下一组，每组至少反复刷十次。每次刷牙时间不能太短，至少要保持三分钟哟！

妈呀——疼死我啦！
呜
快去刷牙，刷完牙就好了！
唰
哈！
牙菌斑
想把我刷走没那么容易！
20分钟过去了……
也不能刷太久啊，不止牙菌斑被消灭干净，连牙床都快被你刷没啦！
呼——

## 20 爱护重要的身体器官：眼睛

科学用眼，保护我们心灵的窗户。

眼睛是我们观察世界的重要器官，它陪伴我们一生，却又异常脆弱，任何不好的用眼习惯都会对它造成损伤，让我们看到的世界变得越来越模糊。

光，经瞳孔进入眼睛，再经晶状体和玻璃体的折射，汇聚到视网膜上形成视觉信号。我们既能看远处，又能看近处，是因为眼睛里的晶状体就像一个可以调节厚度的凸透镜。

当看近处时，睫状肌会收缩，把晶状体拉扁，长时间近距离视物，会导致睫状肌过度疲劳以致损伤，使晶状体失去调节能力，导致我们变成近视眼；如果环境光线太暗，睫状肌和其他眼部肌肉也会因为用力过猛而疲劳。因此，要保护眼睛，一定要注意用眼距离和光线是否适宜，还要注意用眼时间，每 20 分钟休息一下眼睛，看看远处，让睫状肌舒展开，得到充分的休息。此外，一定要控制看电子屏幕的时间，因为电子屏幕释放的蓝光可能会杀死视网膜上的细胞，还会让晶状体变浑浊。另外，多去户外活动，这对保护视力也有很大作用。

如果你已经近视了，也不要焦虑，人生有点朦胧美有时也不坏，而且你还可以变身"眼镜博士"来让自己看清世界。

啊！
好像是校长……
校长好！
那个是广告牌，不是校长……
嘿嘿，忘记戴眼镜了。
欢迎
啊！
这个广告牌的肚子更圆一些。
咚！
你是哪个班的同学？
哎呀，校长，对不起，我忘记戴眼镜了。
吓！

## 21 拥有一双善于发现的眼睛

自我提问和深度思考能让你看到更广阔的世界。

树上突然掉下一颗苹果，水烧开后壶盖跳了起来……你看到这些会想到什么——苹果看起来很好吃？蒸汽太烫，赶紧远离？你知道有人看到它们时想到了什么吗？

你大概已经猜到了，带着对苹果为什么会掉下来的思考，牛顿发现了万有引力定律；通过探索蒸汽能把壶盖顶开的原理，瓦特发明了蒸汽机。这些在我们眼里再寻常不过的事，有人却能发现一些细节的奇妙之处，并借此触及更深的奥秘。

并非只有科学家、发明家善于发现，几乎每一种成功都始于善于发现的眼睛。现在家喻户晓的外卖平台，最初只是几个经常错过食堂饭点的大学生因注意到人们多样化的用餐需求而创办的。

要想拥有一双善于发现的眼睛，重要的是对万物保有热情和好奇，敏锐洞察生活中的变化，多问自己为什么，而不是将一切所见所闻都视为理所应当。同时，你还要将疑问随时记下来，再通过读书、实验等方法去做深入的思考和研究，而不是随随便便就将疑问抛诸脑后。

带着好奇心和求知欲去观察世界，你会发现，原本平平无奇的生活到处都闪着值得探索的有趣光芒。

七巧板
沙
沙
看，鸭子
水上漂！
那我就来
个鱼儿水
下游！
嘻嘻，我
拼个渔夫
来赶鸭！
哇——
咕——
又捕鱼又赶鸭的，
怕不是两手空空吧，
哈哈！

## 22 面对不擅长的事，要拼一下还是退缩？

热爱与坚持，自有万钧之力。

百米赛跑测验时，你总是跑不进及格线。你觉得自己没有运动细胞，跑步不是你擅长的事。对此，你有时会想要不要拼一下，看看能不能通过训练提升运动技能；有时又会觉得，反正自己没有运动天赋，不如放弃算了……

管理学中的"长板效应"理论告诉我们，真正让一个人脱颖而出的是他的长板，也就是他擅长的事。但事实上，"擅长"与"不擅长"既不是天生的，也不是一成不变的。想要找到擅长的事往往需要我们从零，也就是从"不擅长"开始。通过勤加练习，我们或许能把"不擅长"变成"擅长"，但要是疏于训练，"擅长"也有可能在有朝一日退化为"不擅长"。因此，找到喜爱的事并加以练习，对一个人的发展来说至关重要。

没有人生下来就是某个领域的佼佼者，就算是马拉松世界冠军，也要日复一日地进行训练。热爱并进行足够多的练习，是擅长某件事的不二法门。

下次面对不擅长的事时，请你一定要确认自己喜不喜欢这件事。如果喜欢的话，那么就多尝试，多挑战，看看自己能做到什么程度吧。

45

## 23 多多尝试，发现自己的才能

只有尝试过，才知道自己的兴趣在哪里。

有时候，你觉得身边很多人都多才多艺，有人琴棋书画样样精通，有人文武双全，拿奖不断。于是你开始思考自己有什么才能，却难过地发现貌似样样都稀松平常……

其实，才能并没有固定定义，它可以表现在艺术、技术、头脑、肢体、社交等任何层面上。不管你现在的基础如何，你都可能拥有才能。只不过，才能并不会从天而降——如果你从未下过围棋，你当然不可能知道自己是否有下围棋的才能。想要发掘自己的才能，最好的方式是多多尝试新事物，不断拓宽自己的能力边界。

你可以要求自己每周尝试一件没做过的事，或者为自己列一个兴趣清单，依次完成清单上的事。在这个过程中慢慢总结，你总能找到那些让你痴迷的事物——哪些事情令你兴奋不已、滔滔不绝？做哪件事的时候，你最为热情和投入，哪怕过程乏味或者遇到困难也不想放弃？

等找到自己觉得很酷的事之后，你就可以尽量多地收集相关资料，并且不断尝试进行新的挑战。比如，你觉得作家很酷，那就在多读书的同时，自己提起笔来写一写，哪怕文笔稚嫩也不要紧，说不定它就是你走上作家之路的起点哟！

小美是个考古学家呢，真厉害！
听说小美今年又挖出一个大墓来呀！
没什么，就是枯燥的挖掘工作罢了。
你干吗去？
我要像大表姐一样去挖掘，发现自己的才能！
考古可不是挖坑。

## 24 为什么我的目标总是难以实现？

好的目标能为你明确努力的方向。

你有没有过这种困惑，每次给自己制定的目标总是难以实现，时间久了，甚至再也不想制定目标了……

你知道吗，其实目标也分好与不好。好的目标会自带吸引力，催促你去完成它，而不好的目标却会不断消磨你的斗志。你的目标总是难以实现，只是因为你还没有掌握制定好目标的关键。

一个好的目标要具备五个关键因素：第一，数字化，可衡量；第二，具体清晰，看得见；第三，具备可行性，能落地；第四，不能太小或太大，要在自己跳一跳才能够到的学习区内；第五，有价值感。例如，同样是量化目标，比起"每天阅读 30 分钟"，"每天阅读 10 页《海底两万里》"就更明确具体，便于执行。你不必在读书前再去思考今天要读哪本书，也不会因阅读速度、专注程度的不同而影响当天目标的完成进度。你还可以绘制目标图表，每天在完成项目后打钩。这不仅能帮你执行目标，还能让你把成就感具象化，激励自己继续努力。

哲学家爱默生曾说："一心向着自己目标前进的人，整个世界都给他让路。"学着为自己制定一个明确、可实现的目标吧，它会带着你不断向前奔跑。

49

## 25 为开学做一些准备

> 只有身心都做好准备,才能让新学期的自己有更多收获。

寒暑假的快乐时光总是太短暂,转眼间,开学的日子就近在眼前。想到开学后紧张的学习生活,是不是顿时感到天旋地转,从而想要逃避?

很遗憾,开学是必须面对的现实,但你可以选择马上行动起来,为开学做好准备,让自己在新学期里过得更从容。

你大概早已被提醒要准备好开学要用的文具和校服,还被提醒要调整作息时间,或者被安排至少提前一周进行开学前的"实战演练",让身体跟上开学后的快节奏。那么,你为开学做好心理准备了吗?

从假期的自由随性到开学后按部就班的被拘束感,从假期的轻松自在到开学后背负任务的疲惫感,调节好种种心理落差,才能用最好的状态进入新学期。这种时候,你可以采用为自己制订新学期目标和计划的方式来转移注意力,激发斗志。

展望一下,新学期想要提高哪几门课的成绩,要超越什么目标,是否打算学一个新的特长,等等。为自己设立一些难度适当的成长目标,这些目标一定不能唾手可得,需要认真努力才能完成,但又不能太难实现,因为设立目标的作用是激励自己。待你的目标一一实现,你会收获更多的自信、快乐与勇气。

开学第一天
上课！大家打开课本第一页，拿笔跟老师一起记一下。
空
借我支笔吧，我忘记装了……
呃，上学期的课本……
第一学期 语文
笔不用了，课本借我看看，咱俩看一本吧……
你都不为开学做一点准备的吗？
也不能说一点准备没做，心理准备还是做足了的！
嘿
嘭！
咚！

## 26 忘记带书的尴尬

跟我读口诀：一分，二装，三检查。

都上课了才发现忘记带课本，央求着和同桌一起看，还得配合他的阅读速度，你有过这样尴尬的经历吗？分享给你一个口诀，帮你避免这种尴尬：一分，二装，三检查。

一分，把学科资料分类整理。写完作业后，把同一门学科的课本、练习册、作业本等相关资料放在一起，确认无误后再装进书包。还可以用学科袋把各个学科的资料分装好，这会让接下来的环节更轻松。

二装，把相应的学科资料装进书包。认真查看课程表，根据第二天的课程，将整理好的相应科目的学科资料放入书包。

三检查，检查其他所需文具是否齐全。每天都要用到的几支削好的铅笔、一两块橡皮和一把直尺，还有美术课需要的画笔、音乐课需要的乐器、体育课需要的跳绳等也不要遗漏。如果你是高年级的学生，还要注意检查签字笔或者钢笔是否够用。

有了"一分，二装，三检查"这个口诀，你一定不会再遇到忘记带书的窘况。为每一次出发提前做好准备，让自己每一天的学习生活都事半功倍。

同学们，
翻开语文课本
第七页。
课本！
课本呢？
……
有了！
嗯？教育
马虎孩子的
三十六计？
看来
这三十六计
都不管用啊！
哈哈哈
教育马虎
孩子的
三十六计

## 27 "益"想不到的专注力训练

专注是大脑最有效能的思维模式。

上课时眼睛盯着黑板,思绪却飘到了别处;刚准备做笔记,又被一块奇特的橡皮吸引了注意力……每次因为类似情况耽误了功课,或者被爸妈和老师批评注意力不集中的时候,你是不是很想问,到底怎样才能集中注意力呀?

在相对安静的环境下,多数人更容易集中注意力。所以,清除物理干扰,把电子产品、玩具等容易分散注意力的物品拿到视线之外的地方,营造安静的环境,是一个能帮你集中注意力的好办法。

研究表明,多数儿童的连续注意力时长只有 20~25 分钟。因此,最好将每天要做的事按从易到难的顺序排列,做完简单的,再做难的。单任务模式更容易使人全神贯注地投入其中,就像玩消消乐游戏之后会有解压感。通过这种单任务模式所获得的,成就感还可以赶跑迷茫、焦虑等坏情绪。和整理东西一样,有序的思路会让你的大脑变得轻松。

另外,你还可以试试"关注力指令"小妙招。通过默念"集中注意力""这堂课好有趣""一定能挺住"等短语给自己积极的心理暗示,时刻提醒自己保持清醒,让大脑对完成学习任务更有期待。

集中!

瞎喊什么呢?吓我一跳!

这是我新想出来的专注力指令,好像真有效呢!要不你也试试?

我不需要,离你远点更能让我专注……

## 28 手工作业考验的不只是手工

我们锻炼手指，同时也是在锻炼自己的大脑。

你有没有过这样的情况：那些看起来简单轻松的手工作业，自己一上手就全乱了套，真的是"一看就会，一做就废"。

这其实是手脑不协调导致的。手指的灵活程度所代表的"精细运动"能力，既是大脑发育的结果，也会反过来影响大脑发育的程度。比如涂鸦，"想画什么"和"能画成什么样"，一个由大脑主导，一个由手指主导。想画什么是空间思维、想象力边界的拓展，而能画成什么样，则由手指的执行能力来决定。手指的执行能力越精准，就说明脑内呈现的立体形象越具象。

著名教育家苏霍姆林斯基说过："手使脑得到发展，使它更聪明，脑使手得到发展，使它变成聪明的创造工具，变成思维的工具和镜子。"手脑协调，两者是相互促进的。

要想锻炼手脑协调能力，勤加训练是不二法门。手工制作即一项对手脑协调能力要求很高的活动，如看似简单的折纸飞机，需要精准地折叠和对齐纸张，才能让纸飞机飞得更远、更稳定。因此，千万不要再让父母代劳完成手工作业啦，那会使你错失一次次锻炼手脑协调能力的机会哟。

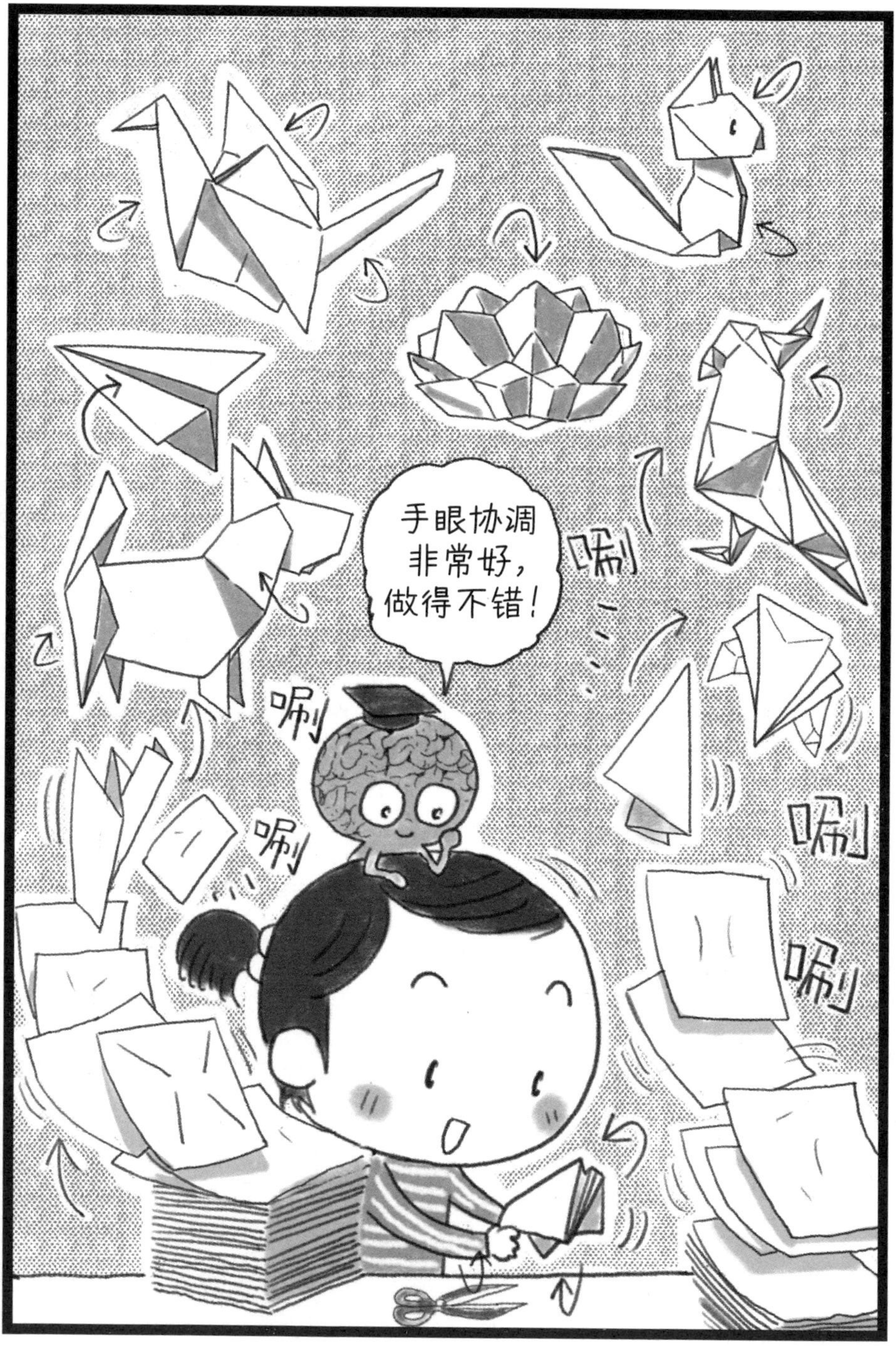
手眼协调
非常好，
做得不错！
唰
唰
唰
唰
唰

## 29 如何更专注地阅读？

享受阅读的快乐，你自然会沉浸其中。

我们都知道，阅读能帮我们获取知识，开阔眼界，增加词汇量，提升写作技巧和表达能力等。只不过，即使知道阅读如此重要，很多人还是难免陷入一个困境——分心。你是不是也有同样的困扰呢？

想要更专注地阅读，首先要选对适合自己的书。想清楚自己要从书中获取什么，带着目的选择自己感兴趣的书，能够让你更快地将注意力集中到阅读上。当你不再认为读书是为了完成父母或老师布置的任务，而只是出于喜欢或有自己想学的东西时，你会更容易将注意力回归到阅读本身。

另外，为自己营造一个适合阅读的环境也很重要。找一个让你觉得安静、舒适的地方开始阅读，远离电子产品等容易让人分心的事物。如果你很难找到一个安静的环境，使用降噪耳机也是个不错的选择。

如果你真的不擅长阅读，也可以降低门槛，先从阅读一页开始。为了了解故事的后续，你可能会接着读下一页，再下一页。在意识到发生了什么之前，你可能已经读完好几页了。当你的眼睛和思想沉浸在故事情节中时，你会惊讶地发现，自己竟能如此专注。

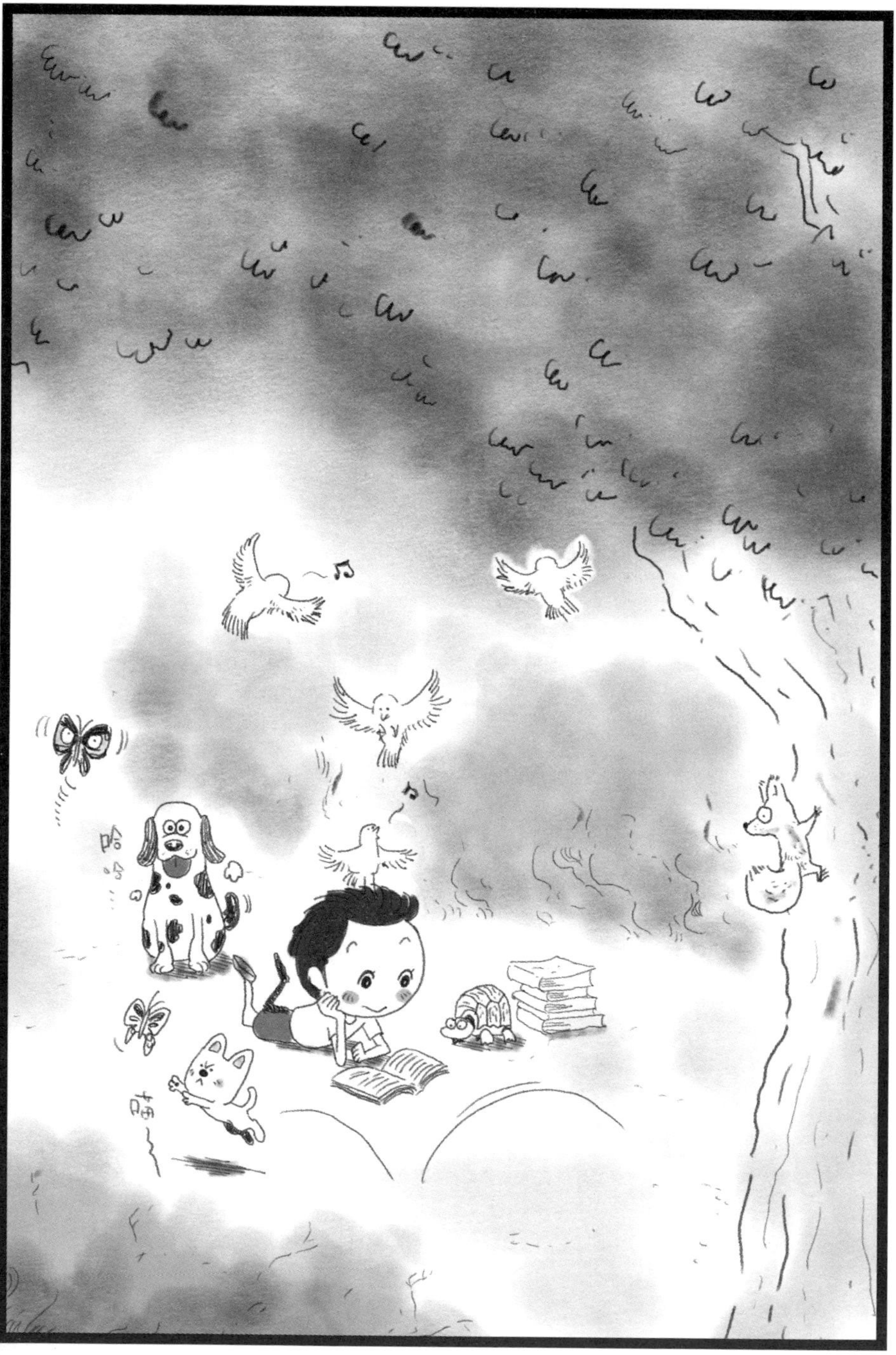
哈哈
喵~

## 30 写字漂亮工整是一个加分项

整齐的书写，是为了向别人清晰地传达自己的意思。

*我要长大！　我要长大！*

看了上面两行字，你有什么感受？

我们常说字如其人，每个人都有自己的个性，写的字也都有自己的风格，无论稚嫩还是稳重，只要是用心书写出来的，都是值得鼓励和欣赏的。不过，如果你能写一手工整且漂亮的汉字，那肯定会成为你人生中的一个加分项。

整齐且一笔一画地书写，是为了向别人清晰地传达自己的意思。作为学生，如果你的试卷字迹清晰，卷面整洁，老师看了或许都会忍不住给你多打几分"好感分"；如果字迹杂乱，老师要皱着眉头看很久才能辨别出你的字，即使内容再好，老师也会"情不自禁"扣几分。这一点你肯定深有体会吧。

等你长大后，需要用纸笔写字的机会可能没有上学时那么多，不过，一旦有需要写字的场合，你的字就像一张名片，会让别人留下印象，在心里默默给你"打分"。

另外，可不要小看写字这件事。这一个小小的动作就考验着你的专注力、手眼协调、肌肉动作、对汉字字形的感知等多种复杂的技能。能把字写好，说明你不仅细心专注，并且身体协调性很好哟。

哇，那个男孩好像扔了什么！
是个纸条，看看有什么重要线索……
垃圾
……
我精通几十种地球文字，但这个……
我一个字都不认得……
这一定是地球的高级密码！呀呀呀……
崩溃……
我觉得没那么复杂……只是写得太潦草而已……

## 31 如果发明写作业机,你就万事大吉了吗?

好记性不如烂笔头,动笔写作业,大脑才能更好地吸收知识。

"要是有台写作业机能帮我完成作业就好了!"你大概也发出过这样的感慨吧!科技进步让一切变得可能,能够满足人们越来越多的需求。可是,如果真有人发明了一台写作业机,你就能万事大吉了吗?

在回答这个问题前,请你先思考一下写作业的目的是什么。德国心理学家艾宾浩斯发现的遗忘曲线表明,我们的大脑想要记住新知识可不容易。因为遗忘在学习之后立即开始,最初遗忘速度很快,之后逐渐减缓。所以我们要通过写作业来巩固课堂上学到的新知识,避免大脑将它们快速遗忘。

如果由写作业机来帮我们完成作业,那会发生什么呢?毫无疑问,我们确实会节省很多时间,可以发展兴趣爱好或是做做运动。但与此同时,大脑也会将学到的知识一点点忘掉,我们之后又该怎么面对考试呢?更严重的情况是,假如我们养成了习惯,一有问题就丢给机器处理,大脑势必会越来越懒得思考,最终变成"废品"。

科技发展为生活带来便利自然是好事,但将知识掌握在自己手中才能更好地驾驭科技。所以,动动笔去写作业,让你的大脑运转起来,巩固每天学到的新知识吧。

63

## 32 换种方式，写作业也可以变成很快乐的事

那些不得不做的事，总能找到更有趣的方式去完成。

写作业和玩游戏让你二选一，你会选哪个？大概是玩游戏吧？不过，很遗憾，作业是每个学生都要完成的任务，并不是可以逃避的选项，但你可以想办法把它变成一种游戏来完成。

写作业前，你可以像在游戏中选定角色一样给自己立个人设，在打开书包那一刻喊出自己的口号。比如"我是作业大侠，绝招快刀斩乱麻"，有了这样的气势，就什么作业都不怕了。

然后，你可以给每项作业"明码标价"，像在游戏里实时累加的积分，每完成一项，就可以即时获得你想要的奖励。如完成数学练习就可以吃一颗巧克力。

或者，你可以把写作业设置为一个挑战赛。比如记录每天练字的时间，突破了前一天的纪录就可以获得积分，一周结算一次，为自己兑换想要的奖励。当然，前提是保证写字的质量。

你还可以把作业艺术化，让它们变得可爱起来。比如用B-box的方式背诵单词或者定律；给古诗词谱曲，边唱边背。

玩游戏当然少不了队友，"写作业游戏"也一样。找个队友一起制订"作战计划"，相互陪伴，相互监督，你会发现原来写作业也可以是一件很快乐的事。

65

## 33 善用图书馆，发现属于自己的宝藏库

现代的图书馆不再只是图书阅览室，而是一个隐藏着众多惊喜的资源空间。

你喜欢去图书馆吗？你知道图书馆有哪些妙用吗？

你可能会想，图书馆不就是看书的地方吗？

不，不，不，图书馆可是一个宝藏库，除了馆藏丰富的图书，它还是重要的信息空间、学习空间、人际交流空间，是一个隐藏着众多惊喜的资源宝库。

信息技术时代，除了海量的纸质书，图书馆的电子阅览室里还蕴藏着丰富且精准的数字化信息资源。比起自己在家上网搜索得到的一众信息，在这里你能更快速地找到需要的有用资源。

图书馆里有巨大、开放且安静的公共阅读空间，在这里还会不定期举办各种展览、讲座、书评、研讨会等活动。比起自己在家学习，你可以在这里开阔眼界，获取更多的知识，同时还能邂逅各种各样的人，比如你志同道合的朋友、喜欢的作家，甚至还有可能是一位好心来辅导你写数学作业的老教授。

另外，图书馆还像一个巨大的解谜游戏空间，里面隐藏着无数等你来发现的新奇事物。比如，你随手拿起一本书，会发现上面贴着一串奇怪的数字符号，它代表什么呢？它的名字叫"索书号"，想知道它是做什么用的吗？快去图书馆查一查吧！

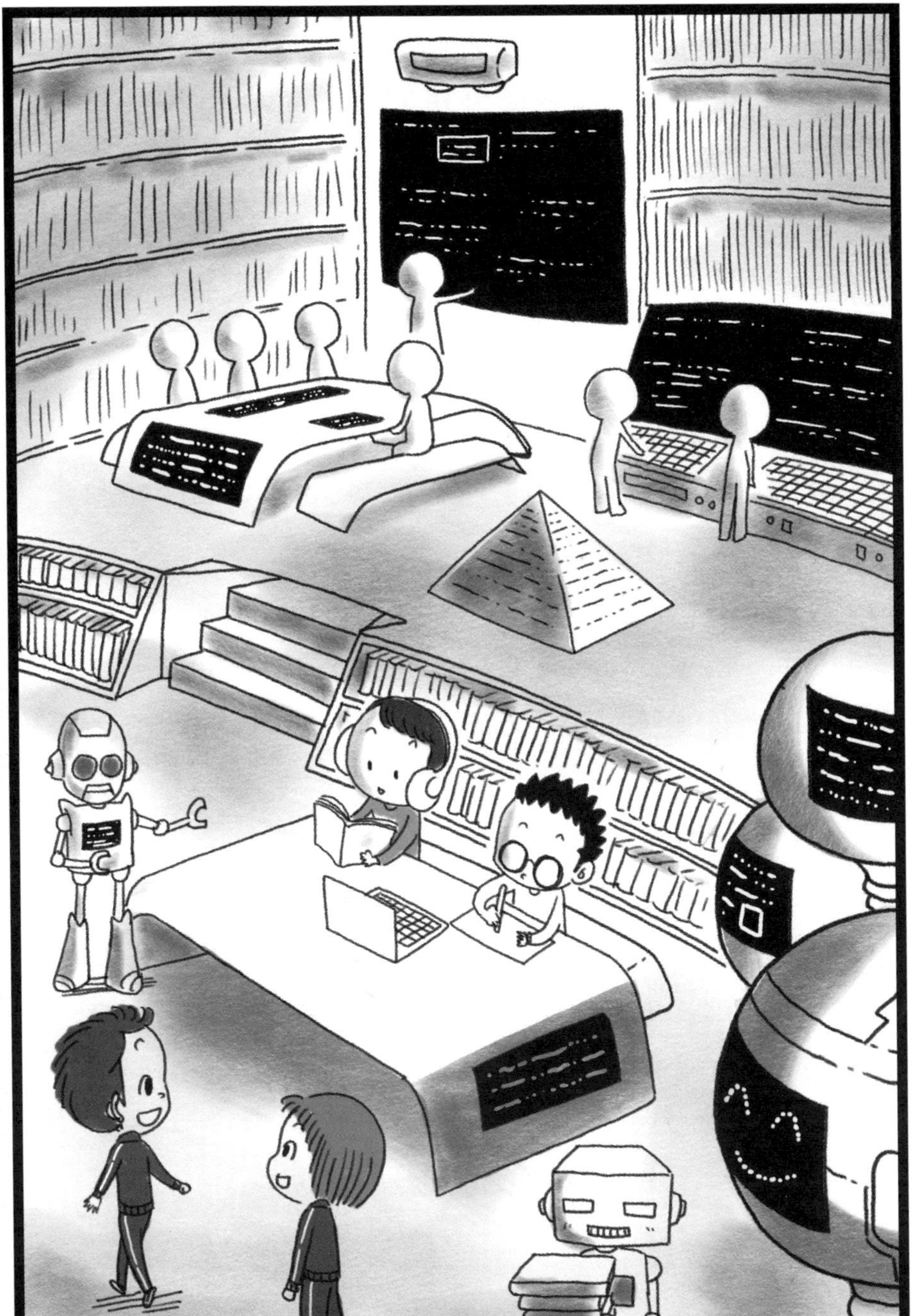

## 34 如果你是班级图书角的小小管理员

班级建设靠大家，班级图书角的建设和管理也不例外。

班里要建图书角，如果你是小小图书管理员，你准备怎么做？

首先要解决的是图书"馆藏"问题。可以向全班同学征集，每人捐出几本书，先把图书角充实起来。还可以成立一个图书管理小队，毕竟人多力量大嘛！相信一定有不少热心的小伙伴自告奋勇加入其中。

接着，进行图书分类。如果你已经在图书馆学习了索书号的规则，给图书编码分类的事肯定难不倒你。为了方便区分和查找，你还可以准备一些隔板将不同类别的书籍依次隔开，再邀请同学们一起动手装饰书架，做些有趣的设计。

然后，就要制定图书借阅办法了。此时，可以设计一些贴心又有趣的工具。比如，每人为自己设计一个名牌，在名牌上写上所借图书的书名，借书时将其插入书架中，还书时再取出。

图书和图书角的维护也需要大家帮忙。可以在书架旁安放一块白板，做关于图书保管、修补的小贴士，分享读书笔记，获得"小红花"最多的读者可以获得奖励，比如借回家的图书可增加一本。

怎么样，有了这么多奇思妙想，你是不是迫不及待想要行动起来了呢？

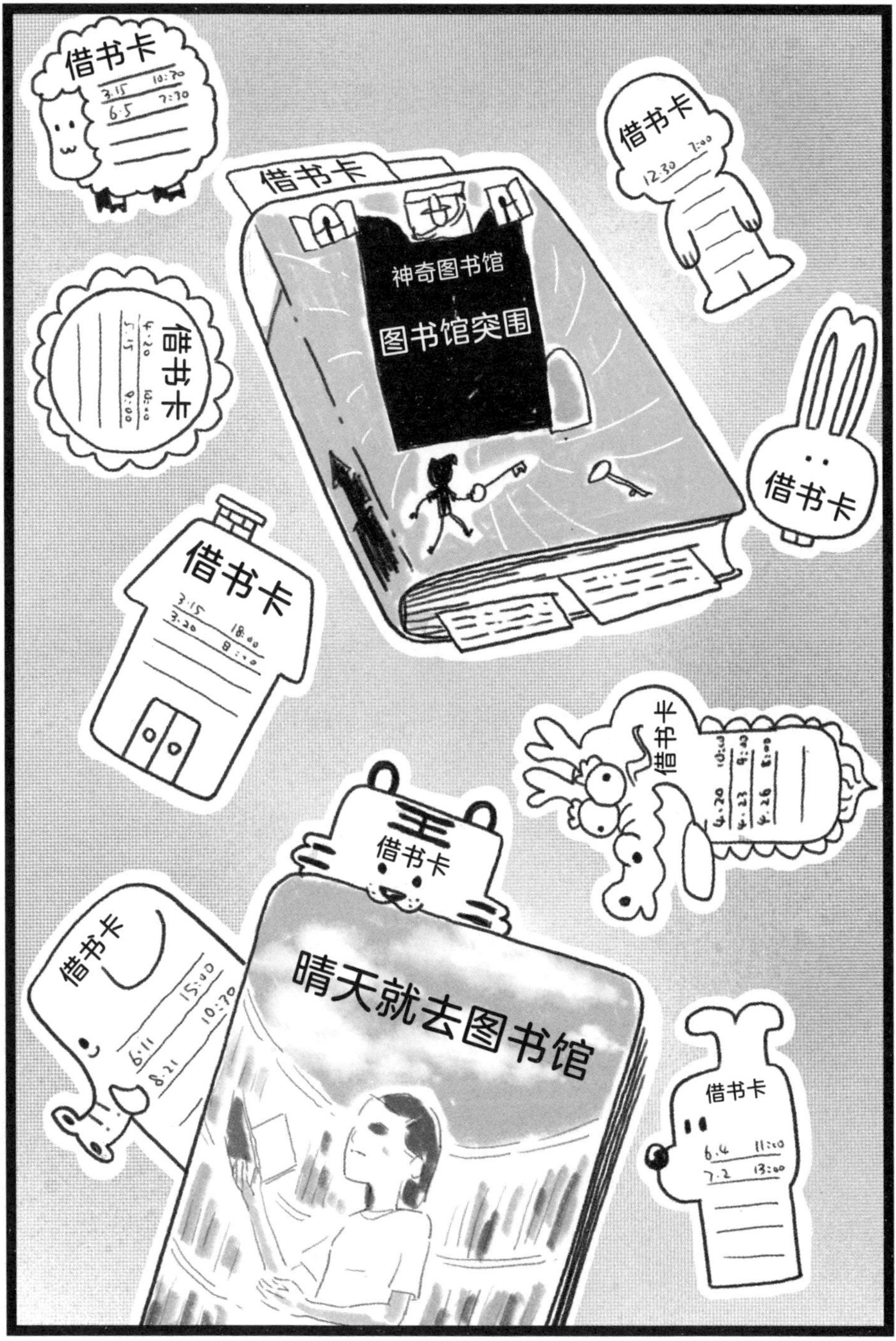
借书卡
借书卡
借书卡
神奇图书馆
图书馆突围
借书卡
借书卡
借书卡
借书卡
借书卡
晴天就去图书馆
借书卡
借书卡

## 35 如何完成一场有感染力的演讲？

多在实践中探索和总结，找到适合自己的演讲技巧。

每当看到同学竞选班干部时自信地演说，你会不会也想像他们一样站上演讲台？

演讲是将思想、观点和信息传递给听众的艺术。一场有感染力的演讲，需要清晰、有逻辑的思维，以及生动、有力的话语，对我们的逻辑思维能力和语言表达能力都有极高的要求。完成一场有感染力的演讲，不光能锻炼胆量，还要让他人了解你的思想，一个有思想的人有强大的感染力，能给人以极大的鼓舞。

一场好的演讲，开场白很重要。比如幽默的故事、反问或设问，都可以立即吸引观众的注意力，让他们对演讲的内容感兴趣。演讲最重要的是内容，要结构清晰、重点突出，词汇、语句要简单易懂，且生动准确。演讲时要注意控制语速、音量和音调，使语言更具表现力和感染力。另外，演讲过程中，眼神的交流也十分重要，要让听众感到"他是在向我演讲"，让听众有参与感。

没有谁是天生的演说家，就连温斯顿·丘吉尔也有过大脑一片空白，准备好的演讲稿一句都没说出口的时候。只要勤加练习，并掌握正确的演讲技巧，你也一样能够完成一场有感染力的演讲。

71

## 36 同学推选我做课代表，但我不想当

不要看轻集体中的角色，抓住锻炼自己的成长机会。

新学年开始，班里同学推选你做语文课代表，你却担心自己不能胜任。这时你不妨想想，大家一致推选你，想必是看到了你的优点，相信你可以有所担当。既然大家都对你有信心，那你也应该对自己有信心。

你知道吗，拿破仑曾经说过：不想当将军的士兵，不是好士兵。同理，有时候，不想承担更多责任的人，实际上是在拒绝成长的机会。只有当树立更高的目标并为之努力时，我们才能成为更好的自己。

同学们推选你做课代表，不只是想让你帮忙收发作业，更希望你能担任语文这一学科的领头兵。在配合好老师的教学工作以及服务同学之余，更好地在本科目上担当领衔角色，为同学们树立语文学习的好榜样。

当然，你不想做课代表，或许是不想耽误学习。但很多时候，当一个人在集体中担任了更为重要的角色后，他的表现往往会比之前更优秀。这是因为他有了更强的责任心，自然会催生出更强的能动性。

看到这里，请你不妨卸下心里的种种顾虑，接下这份任务，和班级共同进步。毕竟，担任课代表可是锻炼自己的好机会呀。

又要选班干部了，你打算选谁啊？
要我说，班干部就得有各种超能力……
飞行超能力，可以帮大家取落在家里的作业。
作业
作业
笔记
笔记
笔记
笔记
记忆超能力，可以帮大家做课堂笔记。
说服超能力，可以让老师取消考试！
数学
哈 哈
嘻嘻，看到你这想象超能力，至少我知道语文课代表该选谁了！
嘿嘿

## 37 如何成为班级中受欢迎的同学？

受欢迎的前提是，做一个自信且优秀的独立个体。

你是班级里的人气王吗？或者说，你想要成为那个既受老师信任又被同学喜欢的人气王吗？

如果你有认真观察过，肯定不难发现，那些在班级中受欢迎的同学通常都有这样几个特质：认真、真诚、自信、自律、幽默、乐观。

做事认真、对人真诚的人，会让他人感觉受到了尊重，自然更容易得到他人的青睐。比如，老师之所以更喜欢成绩好的同学，就是因为他们认真的学习态度，能让老师感觉自己的付出得到了尊重和认可。

自信且自律的人往往优秀又谦逊，严于律己，宽以待人，对事也会客观公正，既不会徇私舞弊，也不会毫无原则地迁就他人，简直就是"令人安心"的代名词。另外，乐观、幽默这两个特质，自然就不必多说啦，谁会不喜欢积极向上的开心果呢？

其实，比起刻意追求受欢迎，花费大量的时间、精力在迎合讨好他人上，认真做好自己才是受欢迎的真正秘诀。做好自己应该做的每一件事，找到自己的目标和梦想，不断努力让自己变得更优秀，那些被你的优秀特质所吸引的人自然就会汇聚到你身边。

# 年底班级评选

人气王　　气人王

## 38 怎样管理负面情绪？

懂得与情绪共处，人生就会多一份掌控感。

每个人都会感到愤怒、嫉妒、委屈等，这些负面情绪是我们表达感受的方式，无需刻意压抑。但负面情绪若长期得不到缓解，就会对身心造成伤害。因此，我们要学会管理自己的负面情绪。

管理负面情绪的第一步是让情绪平复下来。你可以在能够独处的安全空间为自己打造一个"情绪外太空"，在这里按照自己的节奏来平复情绪。比如，一边用双臂环抱自己，一边做几次深呼吸。

第二步是要学会理解和接纳这些情绪。你可以尝试把负面情绪袭来时内心的想法和身体感受说出来，切记只要客观描述，不要加以评判，这能让你更好地理解自己的情绪状态。还有，情绪无论好坏，都有存在的意义，坦然接纳负面情绪，不必因此感到失望或自卑。

最后一步是去了解引发负面情绪的原因，从根源做出改变。科学研究表明，情绪是我们主观创造出的产物。因此，改变主观看法是化解负面情绪的关键。比如，你可以选择把看到朋友乐于助人得到表扬时的嫉妒，转化为今后多多为善的动力。

找到与负面情绪共处的最佳模式，你的进步空间会更大，人生也会多一份掌控感。

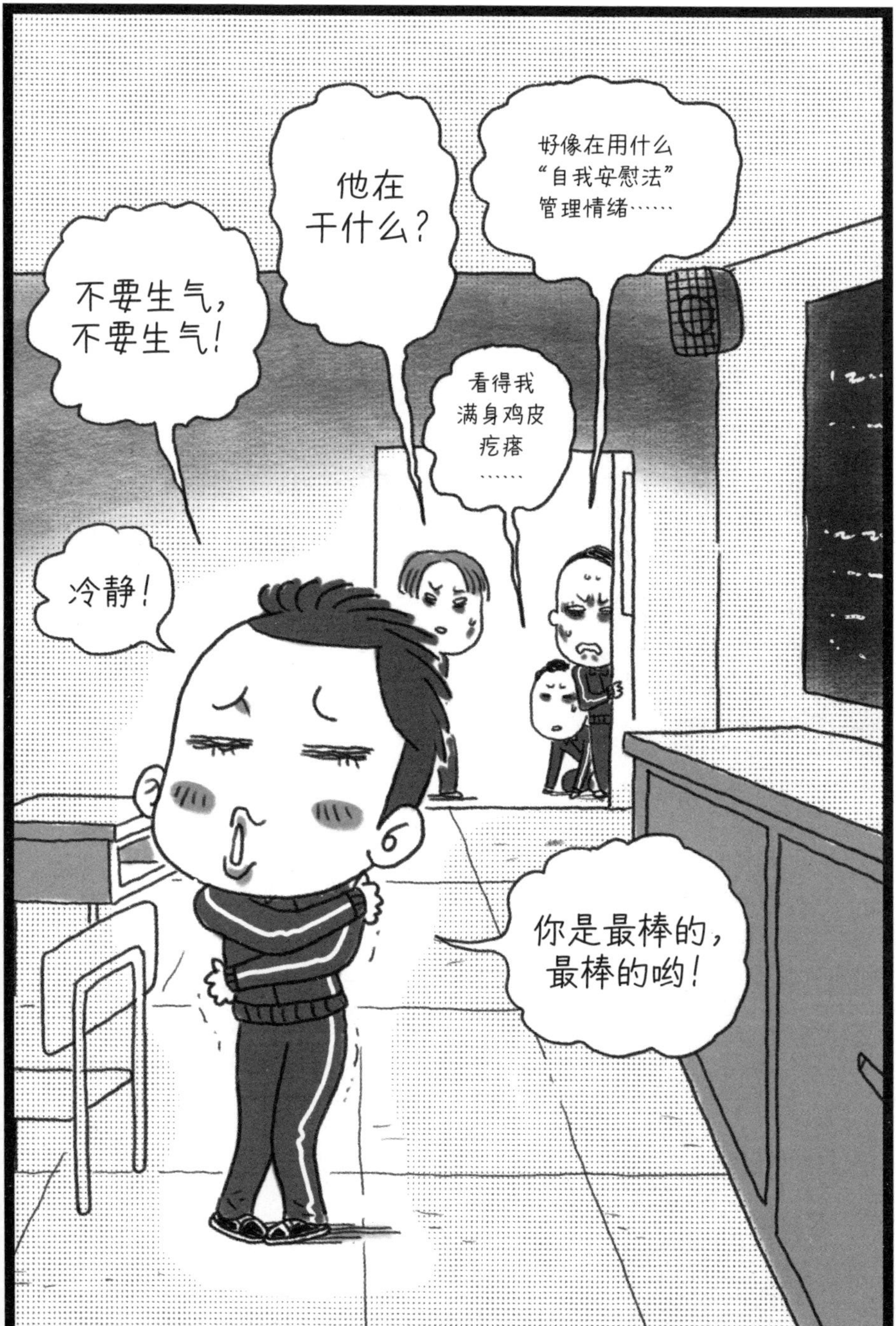

不要生气，不要生气！
他在干什么？
好像在用什么“自我安慰法”管理情绪……
看得我满身鸡皮疙瘩……
冷静！
你是最棒的，最棒的哟！

## 39 如何面对焦虑，缓解考前压力？

积极正面的"自证预言"能帮你找到明确的努力方向，让期待成真。

考试日期临近，你是不是越来越紧张了呢？担心考低分被同学嘲笑，害怕老师和父母严厉的目光，这就是"预期性焦虑"，是你幻想出来的"情绪小怪兽"让你陷入可能失败的压力中。如果此时你勇敢地拿起"武器"与它战斗，你就有机会摆脱它。

知己知彼，百战不殆。这种时候，你要先观察清楚这些影响你的焦虑小怪兽到底是什么。是不是"还没复习完""肯定考不好"等一些负面想法？

其实，这些负面想法都是一种"自证预言"。你可以尝试把它们换成积极正面的内容，比如"我准备好了""我肯定能行"。当你相信并肯定自己时，你的所思所为都会变得更加积极，你也会在准备过程中找到更加明确的努力方向，从而让期待成真。

另外，想要在这场战斗中从容不迫，更重要的是专注当下该做的事。不想"临时抱佛脚"，就要尽早进入复习状态，提前发现弱项，有针对性地改进，才能做好充分准备，不为结果焦虑。

最后，无论考试结果如何，你要记得谢谢那个努力的自己，也要在努力之后学会坦然接受不完美的结果，拥有超越和突破自己的勇气。

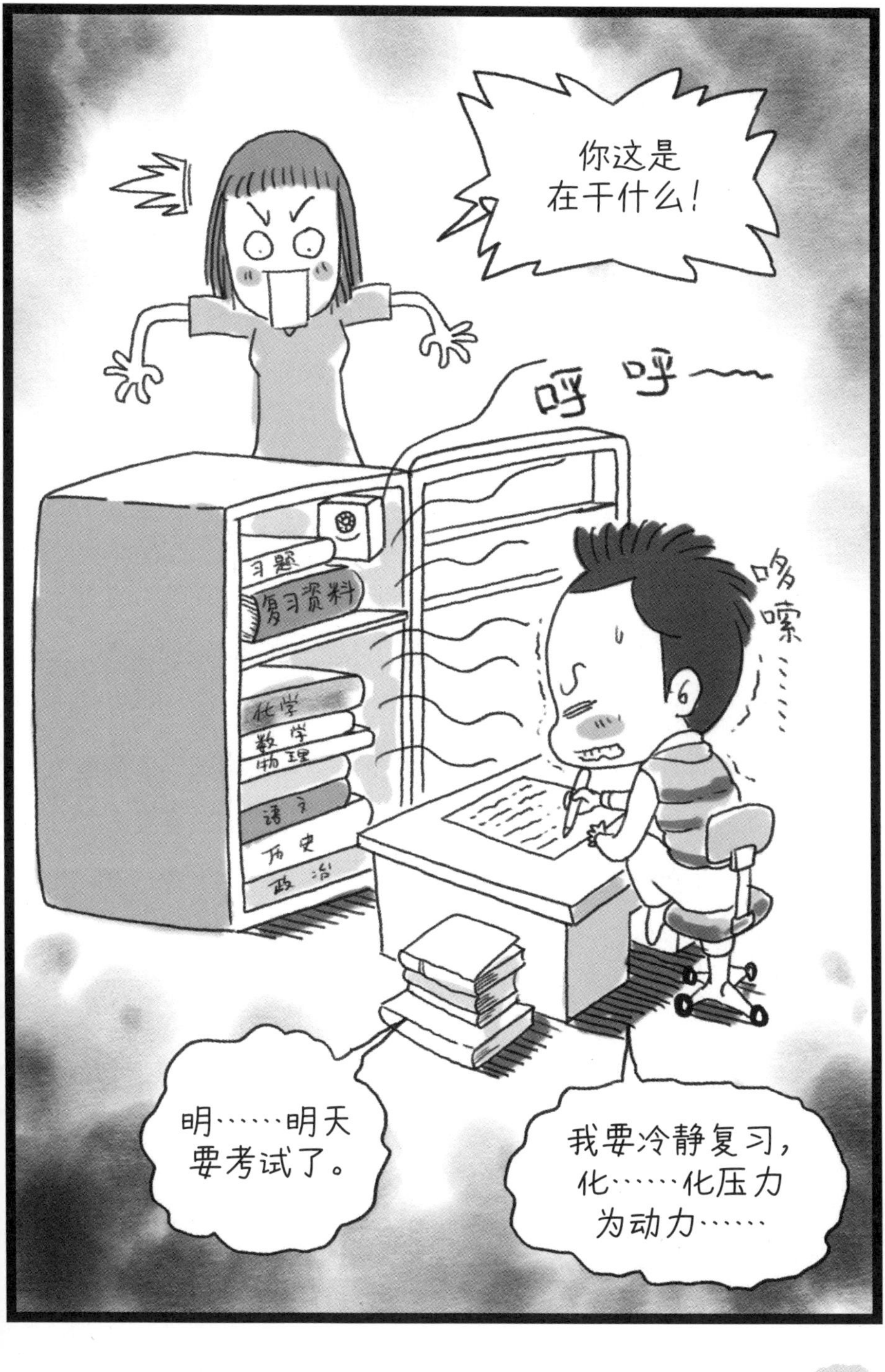
你这是
在干什么！
呼呼——
习题
复习资料
化学
数学
物理
语文
历史
政治
哆嗦
明……明天
要考试了。
我要冷静复习，
化……化压力
为动力……

# 40 考了第一名，用一个奖品鼓励自己

## 学海无涯苦作舟？不，学海无涯奖作舟！

你一直想要一个变形金刚，于是想跟爸爸商量，下次要是考了第一名，爸爸能不能买给自己。但很快你又想到，爸爸说认真学习是学生应该做的事。如果自己用应尽的义务去换取奖励，那算不算动机不纯，自己还是不是一个好孩子呢？

其实，你多虑了。只要不把奖励当作学习的唯一目的，不会因为没有奖励就松懈学习，那么奖品反而能成为你努力的动力！要知道，"适当给自己一些奖励"是经过科学验证的成功技巧之一，心理学上称为"强化"。

知识的海洋浩瀚无边、没有尽头，而学习就像在一条看不到尽头的跑道上奔跑。就像专业的马拉松运动员们在赛程途中需要去补给点补充水分和能量，支撑自己跑到终点一样，我们也需要不时地给自己补充点养分。无论是平时的小测验，还是期中、期末的大考，都是学习这条跑道上一个个小小的里程碑，为每一个里程碑设置目标以及相应的奖品，可以为你补充能量，激励你更好地奔跑下去。

快去设置目标，并利用合适的奖品奖励一下努力学习、认真生活的自己吧！你会发现学习的路上突然有了许多小乐趣和小动力。

嘿嘿……
嘿嘿，这次考了个第一名，得找点什么来奖励一下自己！
001
100
嘭
你好，我是考试之神，我会给每个考得第一名的孩子一个实现愿望的机会，说出你的愿望吧！
嗯……
那我许愿以后每次都考第一，这样以后每次都能许不同的愿望了，哈哈！
哈哈
我在你的愿望中看到了你对学习的热情，来吧，好好学习，你的愿望终将实现！
我不是这个意思呀！我要换个愿望……
辅导书
语文
练习册
感谢你的许愿，我们下次再见！

## 41 为春游做好准备

春游不仅仅是游玩。

学校又要组织春游,你兴奋极了,满脑子都在思考出游时要玩些什么,甚至激动得睡不着觉。

但你要知道,学校组织的春游是一项大型集体活动,除了享受游玩的乐趣,更是对每个参与者自主实践、团队协作、应急应变等多种能力的综合考核,并不是将一切准备工作交给老师就万事大吉了。因此,制订出行计划,收拾和整理春游所需的物品,是调整过度兴奋状态的极佳选择。

通常老师会提前通知哪些东西可以带,哪些东西不可以带,但并不会细化到具体的物品,因而我们需要在此基础上,根据春游的特点和目的来做相应的准备。比如,春游是非常考验体力的活动,要尽量轻装上阵,千万不要因为想跟伙伴分享零食或玩具,就将书包塞得满满的;户外条件有限,为避免病从口入,免洗消毒洗手液或湿巾就是必备物品之一;还要准备几个垃圾袋,用来装垃圾,爱护环境,文明出游。

除此之外,我们更要做好心理准备,春游不是让我们随心所欲地疯玩,一定要有组织,有纪律,听从老师的指挥,与同学们一起行动,规避危险,如此才能保证我们安全、快乐地游玩。

仿生
毛毛虫
嘻嘻，
明天春游，
看我大显
身手！
呀！毛毛虫！
别怕！
看我的！
哼！
沙
沙
看你
往哪儿跑！
欸？！
仿生毛毛虫
真毛毛虫
哆
啊！有虫！救命！
呀！
哈哈哈

## 42 简单皮外伤的应急处理

简单皮外伤的最大应急救星——生理盐水。

父母总是不断叮嘱我们,要远离危险物品,不要快跑、打闹等,以免受伤。不过,再怎么小心,生活中我们还是难免受伤。这时,掌握一些应急处理的办法就显得尤为重要。

通常,对于擦伤、摔伤、划伤等简单的皮外伤,我们不必过于担心,因为人体有着强大的自愈功能,只要我们进行及时且正确的处理,伤口都可以很快愈合。

处理伤口的原则是先消毒、止血,再视受伤情况决定是否需要包扎。首先要用生理盐水清洗创面,再用碘伏或酒精沿着伤口边缘由里向外擦拭消毒,注意不要把碘伏或酒精涂入伤口内。如果伤口内有异物,一定要慎重处理。对那些在伤口深处、细小且不易取出的异物,不要自行处理,以免把细菌带入伤口或增加出血。

注意,不是用药越多,包扎越紧,伤口愈合得就越快。没有感染的情况下滥用抗生素类药物,会影响伤口愈合。比起用药,更重要的是用生理盐水冲洗,保持创面清洁。

如果伤口较大、较深,或存在难以止血等严重情况,则应在紧急处理后尽快前往医院治疗,防止感染。

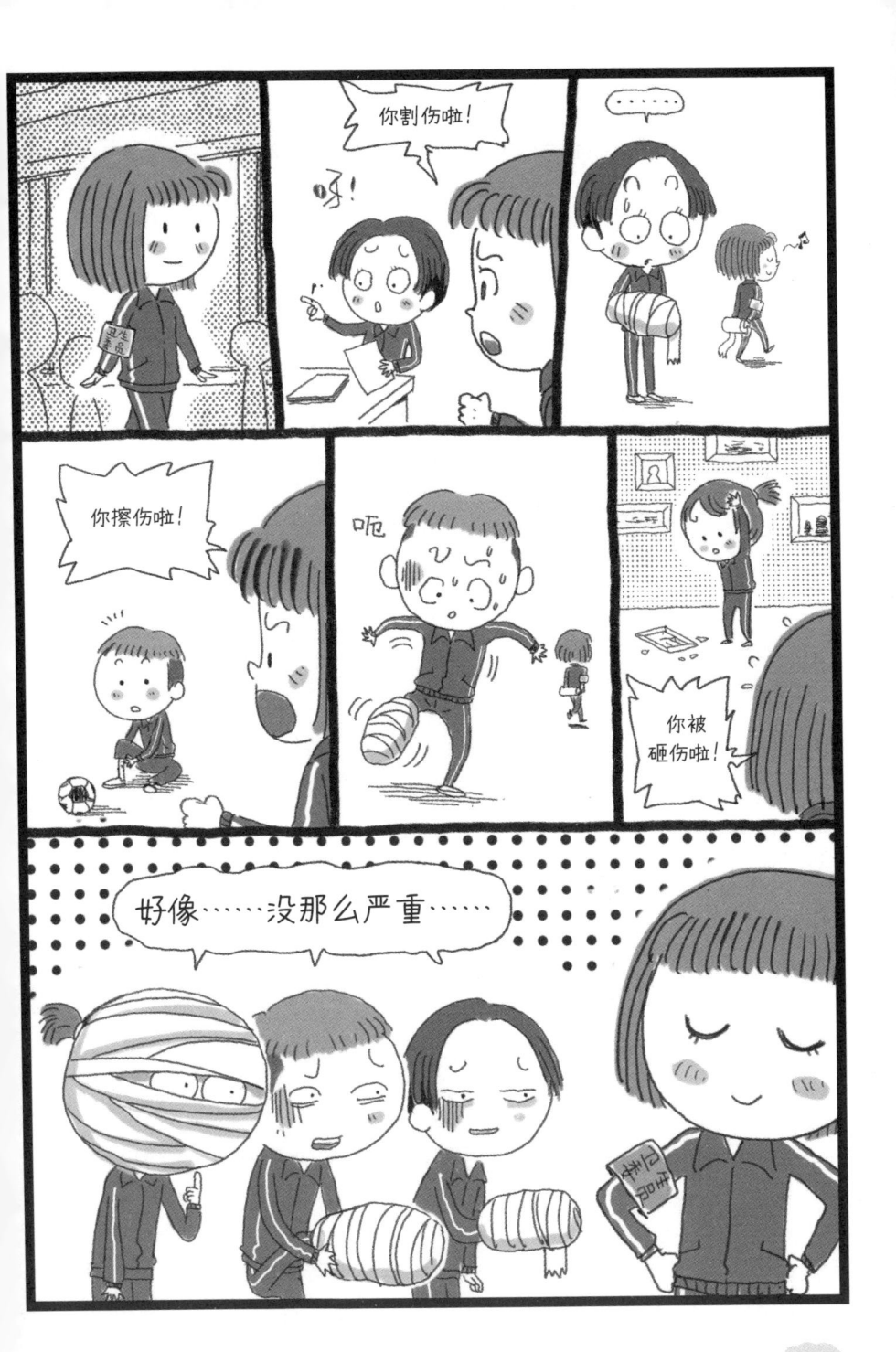
你割伤啦！
呀！
……
你擦伤啦！
呃
你被
砸伤啦！
好像……没那么严重……

## 43 注意交通安全，从专心过马路开始

交通安全，事关生命，一定要严肃对待。

看到标题你或许会想，难道还有谁不会过马路吗？

当然，你肯定已经知道了很多安全过马路的要点。然而，城市每天车水马龙，随处隐藏着"致命杀手"，比如松动的井盖、突然出现的大卡车等。交通安全是事关生命的大事，不管知道多少要点，严肃对待的态度才是重中之重的。

过马路时要专心、细致、耐心。如果路上没有标出人行道，要自觉靠右走，观察车辆转向灯，判断车辆的行驶方向，及时避让。不要心存侥幸，觉得自己跑得够快就与车辆抢行。尤其要注意大卡车这类大型车辆，由于车身高大，司机的行驶盲区也更大。如果行人刚好处于司机盲区内，很容易发生事故，一定要尽量远离。

遇到没有红绿灯或斑马线的路口，你可以举起右手，手心朝着来车的方向示意，待来车停稳后，再保持举手姿势左右观察着走过去。安全通行后，别忘了回头向驾驶员敬礼致谢哟。

不止是过马路，交通安全还包括很多方面，乘坐汽车、地铁、飞机……不管面临什么情况，最重要的永远都是认真对待，不要心存侥幸做出危险的举动。

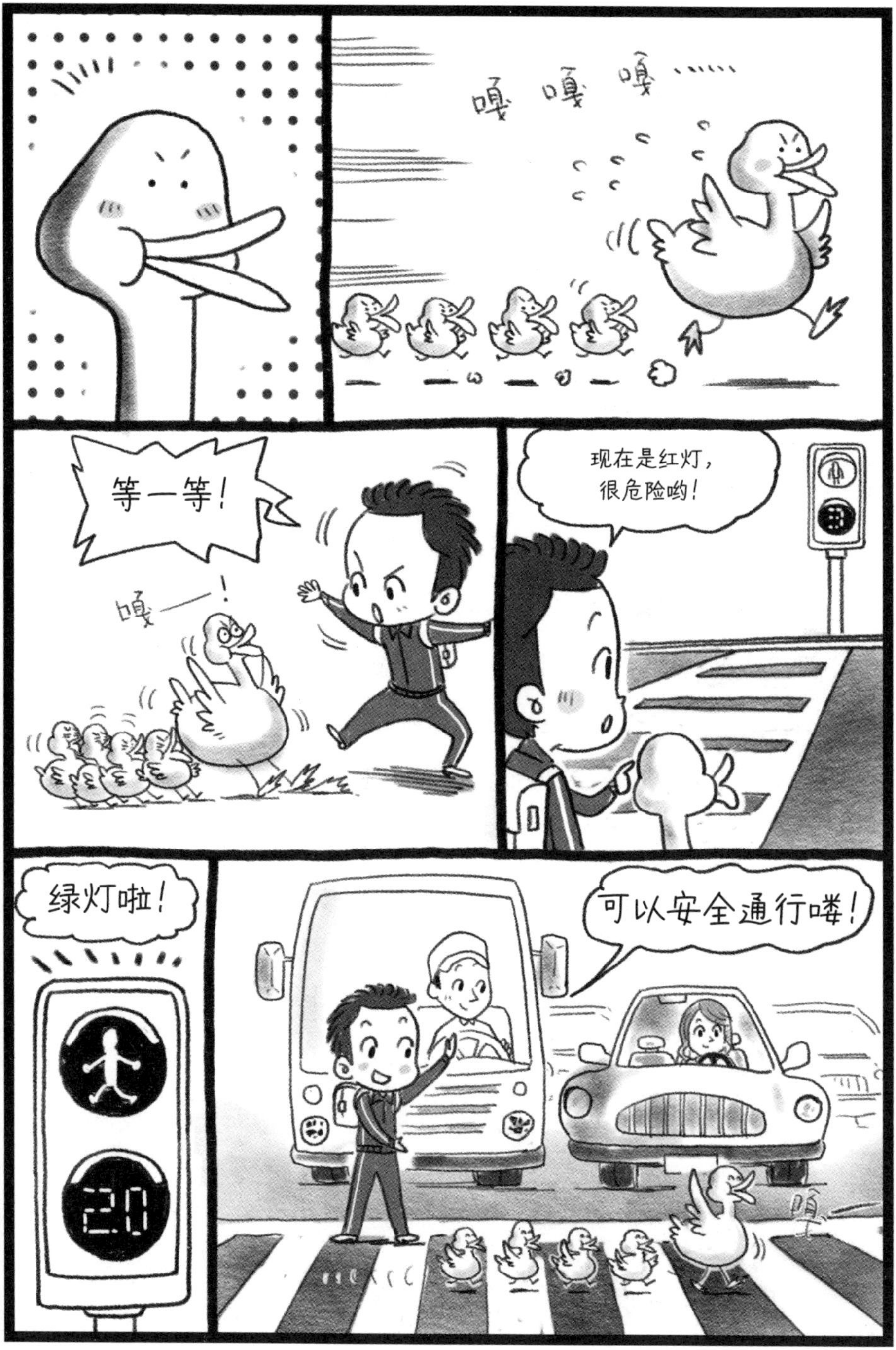
嘎 嘎 嘎……
等一等！
嘎——！
现在是红灯，
很危险哟！
绿灯啦！
可以安全通行喽！
嘎

## 44 假如你想成为一名警察

如果成为警察是你的理想，那就为了理想而努力学习吧。

每当看到警车经过，你会不会心生崇敬，也向往成为一名警察？警察，是国家的产物，自古就有。而我们国家的警察还被赋予了新的意义——代表全国最广大人民的根本利益，全心全意为人民服务。因此，他们也被称为"人民警察"。

要想做一名警察，首先一定要有为人民服务的坚定信念。另外，还要拥有许多过硬的本领与技能。

1. 强健体魄。身体是革命的本钱，警察的工作非常辛苦，只有身体素质过硬才能保证任务的完成。

2. 火眼金睛。无论是刑警查案，还是交警指挥交通，都需要在熙熙攘攘的人群中快速锁定目标，需要很强的识人能力。

3. 世事洞明，人情练达。社区、治安民警要与各种各样的人打交道，调解大大小小的矛盾纠纷；刑警、缉毒警、监狱警则需要面对各种狡猾的犯罪分子，并与之周旋。这些都需要很强的交际能力。

4. 聪慧大脑。无论何种警种的工作，都需要有丰富的知识储备，以及能随机应变、寻找突破口的机智头脑。

从现在开始，锻炼身体，努力学习，或许有一天，你真的可以成为他们中的一员哟！

你还不承认吗？
呀！
住手！不可以欺负同学！
关你什么事？
我的理想可是未来当一名警察！不能不管！
咚！
他踢球把王阿姨家的玻璃踢碎了，还不承认！
真的不是我，但我看到了……
是他踢的……
吓！
那是我误会你了，对不起……
没什么啦！
看来误会解除了！那就好，哈哈！
解除个鬼！你快去道歉！
你这算哪门子未来警察啊！
好啦，我这就去……

## 45 在街边遇到独自哭泣的小朋友

每一颗幼小的心灵都需要用智慧来守护。

走在路上,看到街边有个小朋友在独自哭泣,你想上前安慰,却又不知从何说起,这时你要怎么办呢?

可能他看到你的到来,会想要向你诉说,但因为哭得非常伤心,说话断断续续,吐字不清。这时你要表现出足够的耐心,先不要急着安慰或发表意见,安静地聆听并点头表示理解就好。

如果他不愿意诉说,也不要着急追问原因,更不要对他的哭泣表现出烦躁,不然容易引起他内心的抗拒。哭泣也是他表达苦恼的一种方式,接受他表达情绪的方式,才能更快地走进他的内心,使他想要更多地表达自己的感受。

如果不能对他的痛苦感同身受,你也可以诚实地告诉他:"我不知道你的感受,也不知道该怎么去安慰你,但是我真的很关心你。"真诚的表达,同样会让他感受到安慰的力量。

如果他遇到的是你的聆听与安慰也解决不了的苦恼,比如迷路或跟父母走散,无论怎样安慰他都无法停止哭泣,或者你发现他遭遇的事情十分严重,那么这时最好赶快告诉你的家长、老师,或者找到最近的治安岗亭,让成年人来协助处理这件事。

两名少年把
迷路的小孩送到派出所，
受到了表彰……
哪里还有迷路的
小孩啊……
东张
西望
呜呜……
呜
……
心里
好难受
……
是张老师……
唉，受伤的大人
也是需要安慰的。
呜
……

## 46 总是忍不住脱口而出："妈，帮我……"

**依赖存在惯性，需要我们用成长去打破。**

回想一下，你的房间是否总是父母代劳整理？肚子饿了或找不到东西时，你脱口而出的是否总是"妈，帮我……"？

遇事总叫别人帮忙，是一种心理依赖和行为惯性，是因为你习惯了"省力"，毕竟只要喊一声，就有家人来帮忙。我们习惯了当没长大的小孩，理所当然地对这个世界提出各种要求。可是，除了父母，别人还会无条件地帮你吗？这些你请求父母代劳的事，你真的无法独立完成吗？

放在高处的东西，搬把椅子就可以够到；打不开的易拉罐，想想办法也能拉开。长大，就是要告别原来的幼稚与脆弱，做自己思想和行为的第一责任人，学会用新的目光看待世界。

也许家人的保护会让你觉得很多事都"危机四伏"，也许妈妈总是以"你还小"的理由主动代劳，让你因此养成了遇事找妈妈的习惯。但是，你的身体日渐强壮，心智也要越来越成熟。遇事第一反应不应再是求助，而是自己想办法解决，这才是你告别不成熟、朝着长大迈进的标志。当有一天，你把"请帮我"换成"让我来"，你会发现，原来妈妈口中的"你还小"也会变成一声欣慰的"长大了"。

哎呀,要迟到了!

妈——妈——

我出差几天,你爸上班出门早,要不想早起跟他一起走,就自己设闹钟哟!

我的衣服呢?

屋里兵荒马乱的,你在干什么呢?

我上学要迟到啦!咦?爸爸你今天怎么这么晚还在家?

今天……不是周末吗?学校补课吗?

啊,忘了……

一片狼藉

## 47 假如自己一个人在家

独立生活的机会，正是你审视自己的生活，承担家庭责任的好时机。

你放暑假了，爸妈却还要上班，可能需要你独自在家。除了欢呼"终于没人管了"，你还要注意些什么呢？

父母留你单独在家，最担心的一定是你的安全问题。不要随意给陌生人开门，不要在厨房乱摸乱碰，注意用电安全，不要玩火，不要爬窗户，不要将身体探出阳台……这些一定都是他们千叮咛万嘱咐过的。如果要出门，不要独自去太远的地方，去朋友家前一定要打电话告知父母，并留下朋友家的联系方式。归根结底，就是不管在哪里，都要有对自己的生命安全负责的意识。

另外，作为家庭的重要一份子，这个独自生活的机会，也正是你审视自己的生活，承担起独立自主责任的好时机，不如趁机向自己提出一些平时不愿面对的"灵魂拷问"吧！

比如，作业做完了吗？功课预习了吗？是不是可以做一些家务，让屋子焕然一新，待父母回家时给他们一个小惊喜？

当然，你也可以使用一段时间电子产品，比如看电视、用手机，只是最好设个闹钟，因为电子产品可是个时间怪兽，一不留神就会被它吸走一整天的时间。一个人在家，是学习独立管理自己生活的好机会。大家都看好你哟！

我们明天就回来，你要好好看家哟！
好啦，放心啦！
收到！
哈哈哈，一个人在家好开心啊！
哈 哈 哈
哇！今天爸妈就要回来了！
如果看到我把屋子弄得这么乱……
吓！
00:05
要赶紧收拾干净！
你不要添乱哇！
第二天
你们终于回来了，一个人在家好辛苦啊……
？
？

## 48 停水停电后该怎么办?

保证安全,是停水停电时的第一要务。

有两种资源,平时没有存在感,一旦停止,你会感觉少了它们,生活是多么不便。它们就是水和电。

我们的生活离不开水和电,一旦停水,你可能会遭遇无法冲厕、洗澡等诸多不便;停电之后,网络也会断,所有需要电子设备的娱乐与学习都只能暂停。但与安全相比,这些都可以先忍忍。

停水停电时,最先应该注意的是家里是否存在安全隐患,尤其是当我们独自在家时,应以保证生命安全为第一要务。停水时,检查水龙头是否关好,以防无人时突然来水造成"水漫金山";停电时,检查所有电源是否关好。同时还要第一时间通知爸妈,以免他们担心。他们可能还会为你提供一些指导和帮助,比如查看停电原因,是否出于欠费或跳闸。然后开启手机省电模式,尽量延长待机时间,避免爸妈找不到你。

如果停电不巧发生在晚上,想要照明的话,可以找一找应急灯。如果要点蜡烛,一定要放稳,周围不能有易燃物,人不要离太远,以免发生火灾。或者,干脆放弃照明,去阳台看看月亮、星空,或者繁华的街灯,享受一下片刻的宁静也不错。

糟糕！停水了！
不行，水喝多了，容易上厕所。
停水了不能冲厕所。
不行，捏橡皮泥手会脏，停水了不能洗手。
橡皮泥
不行，运动会流汗，停水了不能洗澡。
嗯……
静等水来……
静

## 49 家里的电器你会用吗？

*多多观察细节，你会轻松变身为家用电器小达人！*

家用电器和我们的生活深度绑定，但你知道电器也有冷知识吗？比如，冰箱可以让受潮的饼干恢复酥脆，让煮熟的鸡蛋更便于完整切开，但热腾腾的食物如果直接放进冰箱，不仅容易滋生细菌，还会加速变质；洗衣机可以洗净衣物，但使用久了也会藏污纳垢，需要定期自洁清洗，尤其是滚筒洗衣机，使用后还要记得开门，进行通风晾干。

还有什么需要注意的呢？

开启电器首先要接通电源。电视、冰箱、空调等体积大、功率高的电器需要接在墙面的三相插座上；搅拌机、电吹风等小家电可以接在接线板上；相机、电动牙刷等只要装上电池或充好电即可使用。接通电源后，有的电器可以直接开关使用，有的则需使用遥控器或连接无线蓝牙进行操作。

认真观察，你还会发现许多有趣的小规律。"〇"和"—"表示"开"和"关"；"＋""－"表示音量或风力大小；左右箭头表示频道或模式切换。

另外还需切记，电器如果使用不慎，就会从"帮手"变成"凶手"。勤于思考，善于总结，及时发现和排除安全隐患，相信聪明好学的你，一定会成为电器小达人！

爸爸，我来，
我是电器超人！
打开新闻频道。
咔
谢谢你，
电器超人。
哼哼
厉害的
电器超人，
下次用完卫生间
记得关灯。
电器
超人……
明白……

## 50 及时更换家用电器的电池

肚子饿了需要吃东西，电量耗尽也要及时更换电池。

收拾储物间时找到了搁置很久的小闹钟，哎呀，糟糕！怎么放电池的地方流出了奇怪的液体？

其实答案很简单，这是废弃的电池长时间存放在小闹钟里，发生了漏液。你可千万不要小看废弃电池漏液的威力。像闹钟、遥控器等小功率电器，用的一般是锌锰电池。这种电池在放电过程中，外壳会被逐渐腐蚀。如果电量耗尽不及时更换，电池的外壳破裂，里面的化学物质就会泄露，造成电池漏液。而漏液中的化学物质如氯化铵、氯化锌等溶液具有腐蚀性，会损坏小电器极片和内部电路板，导致它们无法使用。

因此，及时更换电池很重要。具体怎么做呢？首先要准备好相同型号的电池，比如1号、5号和7号电池，它们由粗到细好区分。其次便是安装电池，这时要注意区分电池的正负极，"+"代表正极，"-"代表负极。电池和电器极片要正负对应，也就是"+"对"-"。这样正确安装完毕，小电器就可以运转啦。另外，如果小家电长期不使用，记得先将其中的电池卸下来。

争做生活小能手，从更换小家电的电池开始，不断提升自理能力吧。

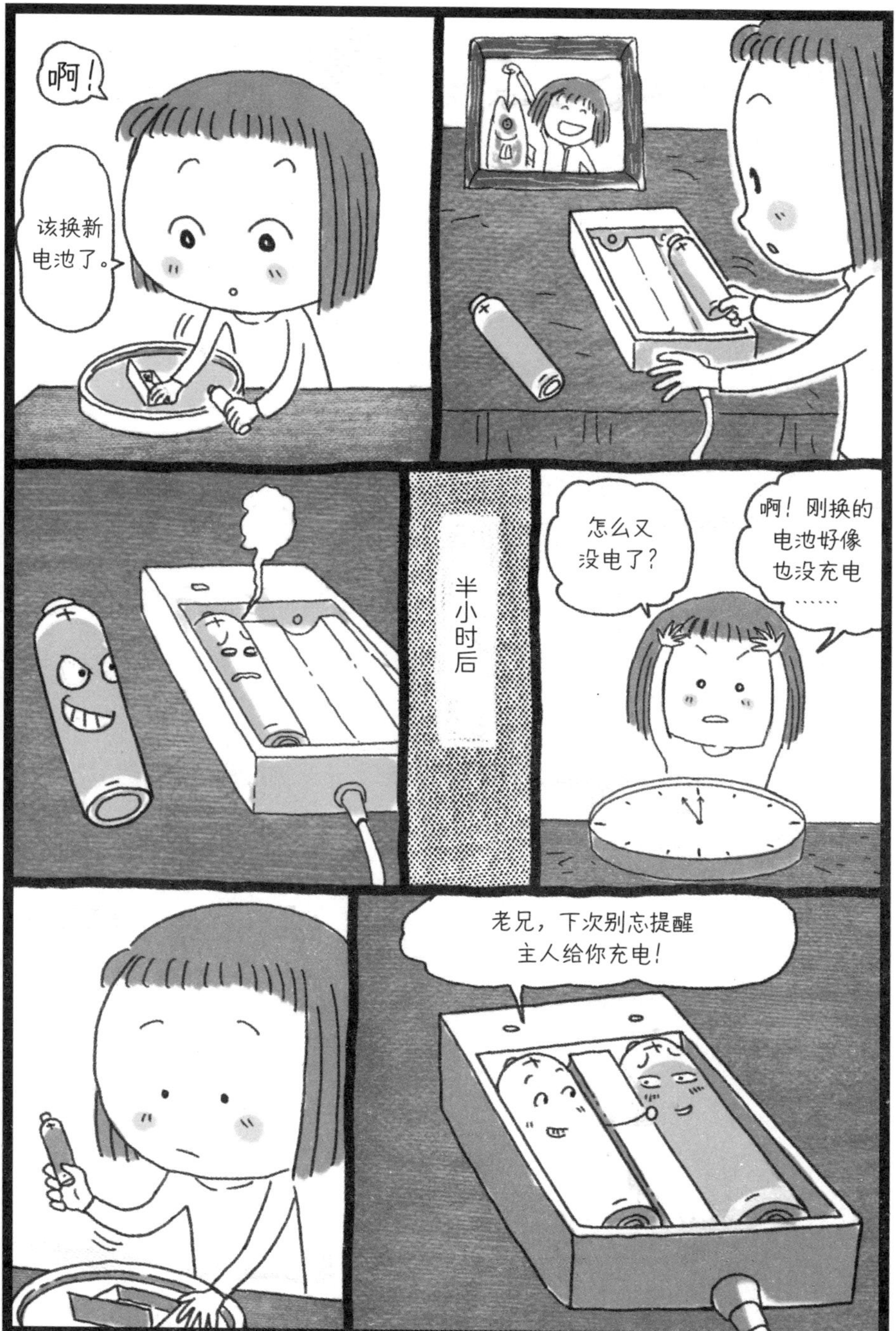
啊！
该换新电池了。
半小时后
怎么又没电了？
啊！刚换的电池好像也没充电……
老兄，下次别忘提醒主人给你充电！

## 51 认识打扫类工具：簸箕、拖把、吸尘器等

**工具只需按需选，打扫最终靠细心！**

"工欲善其事，必先利其器。"想要成为一个家务小能手，学会使用打扫工具是必不可少的，而选择合适的工具更能帮自己达到事半功倍的效果。

你从小看着妈妈扫地，最先学会使用的肯定是扫帚。别看这一把小小的扫帚，它可有着四千多年的历史呢！早在夏代，有个叫少康的人从一只拖着身子爬过的野鸡那里获得灵感，用野鸡毛制作了第一把扫帚。簸箕则是扫帚的"好朋友"，主要用来收运垃圾。

除了扫帚，清理地板还少不了拖把。布条拖把最传统，清洁力强，但吸水性不高，清洗时麻烦，且拖把头不易干，易滋生细菌。胶绵拖把具有超强吸水力，胶头能自然干燥硬化，防止细菌滋生，但它对毛发的吸附能力弱，且不易擦除油脂类污垢。

除了扫帚、拖把，现在还有了吸尘器、洗地机，甚至扫地机器人等多种更便利的工具。仅是吸尘器，就可以分成立式、卧式和手持式等多种呢！

清洁工具花样繁多，但要让房间焕然一新，重要的还是我们的细心与耐心。如果你一次往地上倒太多水，那迎接你的可能不是干净的地板，而是摔个人仰马翻啦！

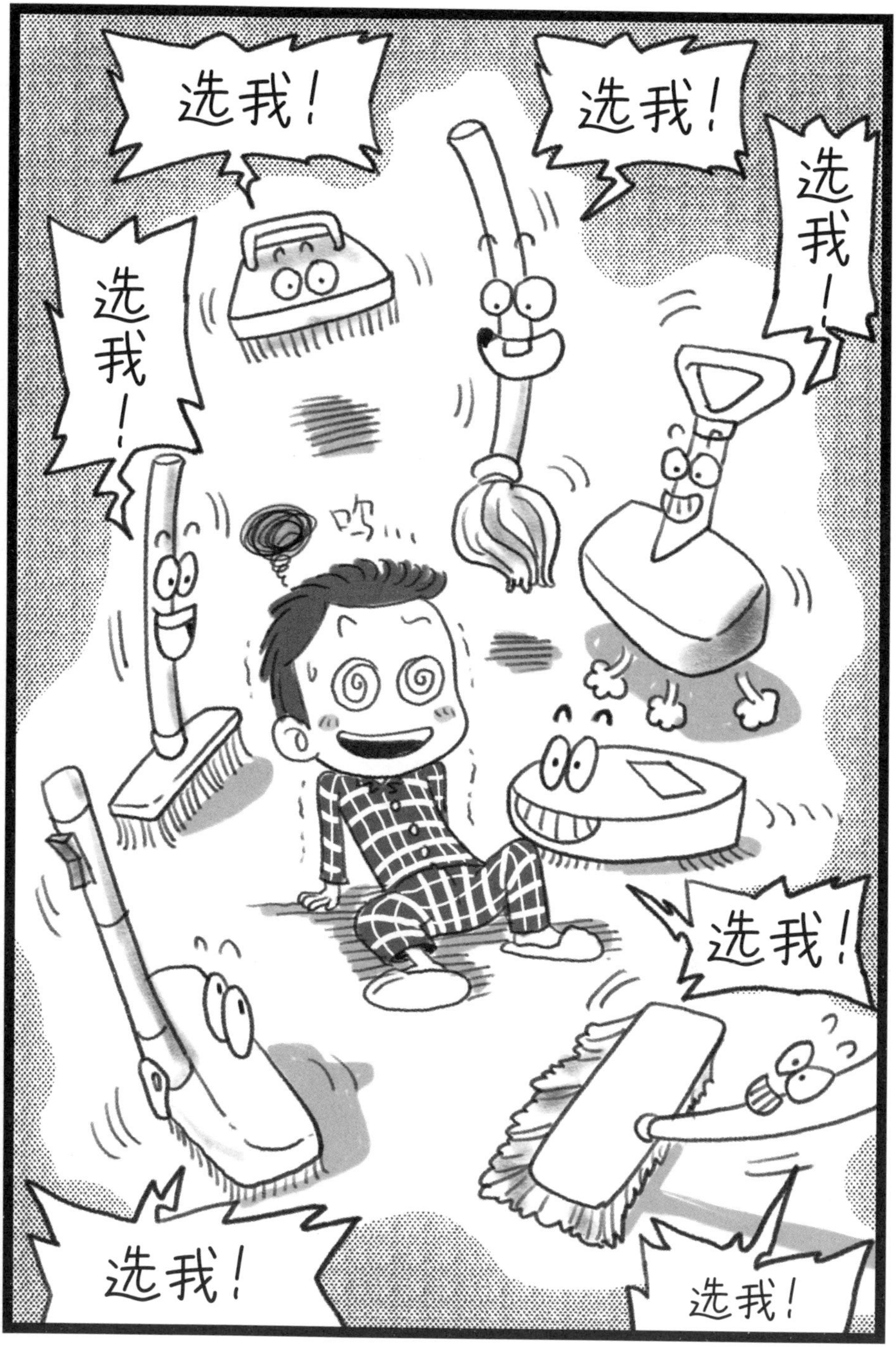
选我！
选我！
选我！
选我！
呜……
选我！
选我！
选我！

## 52 洗涤用品种类繁多，你会正确使用吗？

家务劳动细节繁多，正确使用洗涤用品是关键一环。

你迫不及待想要大显一番身手开始劳动，却在看到放在架子上的一众洗涤用品时傻了眼……

有没有觉得这一幕似曾相识？没错，家务劳动需要掌握的细节有很多，正确使用洗涤用品就是其中必不可少的一环。

你日常使用的洗发水、沐浴露，跟洗衣粉、肥皂等污渍处理剂一样，都属于洗涤用品，只不过前者用于个人清洁，后面那些适用于家务清洁。

当你想要清洗擦地用的抹布时，洗衣粉是一个不错的选择。洗衣粉的主要成分是从石油中提取出的化学物质，一般呈弱碱性，加上摩擦剂后去污效果非常强。对较脏的衣物，洗衣粉能起到很好的清洁效果。

如果你想擦拭厨房灶台或抽油烟机的油污，那就需要用到油污清洗剂了。油污清洗剂由多种表面活性剂、渗透剂及助剂复配而成，有强力去油污的效果，但也会对皮肤产生一定伤害。所以使用前一定要先戴上橡胶手套。如果不慎溅入眼睛，一定要及时用清水冲洗。

随着工业的日益发达，洗涤用品种类多得让人眼花缭乱，如果你实在分不清该用什么，就先去请教一下妈妈吧！

洗发水，
沐浴露……
沐浴露
洗发水
洗面奶，
肥皂！
肥皂
洗面奶
哈哈，妈妈这次绝不会骂我乱用洗涤用品啦！
啦啦，我爱洗澡！
哗
哗
十分钟后
我忘记今天停水了……
哇！什么鬼！！

## 53 自己的衣服自己洗

要想撑起一片天,从将自己的衣服洗干净开始。

我们一直在为长大以后能独立生活做各种准备。主动承担力所能及的家务劳动,意味着你拥有了更强的责任心,学会了照顾自己,养成了独立解决问题的习惯。

洗衣服看似简单,其实也是一个小小的系统性任务,能全面考察我们的能力。你首先需要调动观察力和学习能力。要认识肥皂、洗衣粉、洗衣液等各种洗涤用品。特别脏的衣服要与其他衣服分开洗;深色衣物要与浅色衣物分开洗,以避免深色衣服褪色染花其他衣服。洗的时候重点揉搓领口和袖口。观察妈妈平时的操作,总结归纳后再转化为自己的行动,这是很宝贵的能力。

洗衣服的过程还能锻炼你更全面地思考和有条理地做事。比如脏衣服脱下来后先统一放好;洗衣服前检查口袋里的物品并及时取出;洗完衣服要找个通风、有阳光但不暴晒的地方把衣服晾起来。

洗衣服看似简单,却不一定马上就能掌握。比如洗衣液用量太多会漂洗不净,残留在衣服上,太少则会洗不干净。所以,实践出真知,只有亲自动手练习,才能真正掌握一项技能。当你穿上自己洗得干干净净的衣服时,是不是有种油然而生的喜悦和成就感呢!

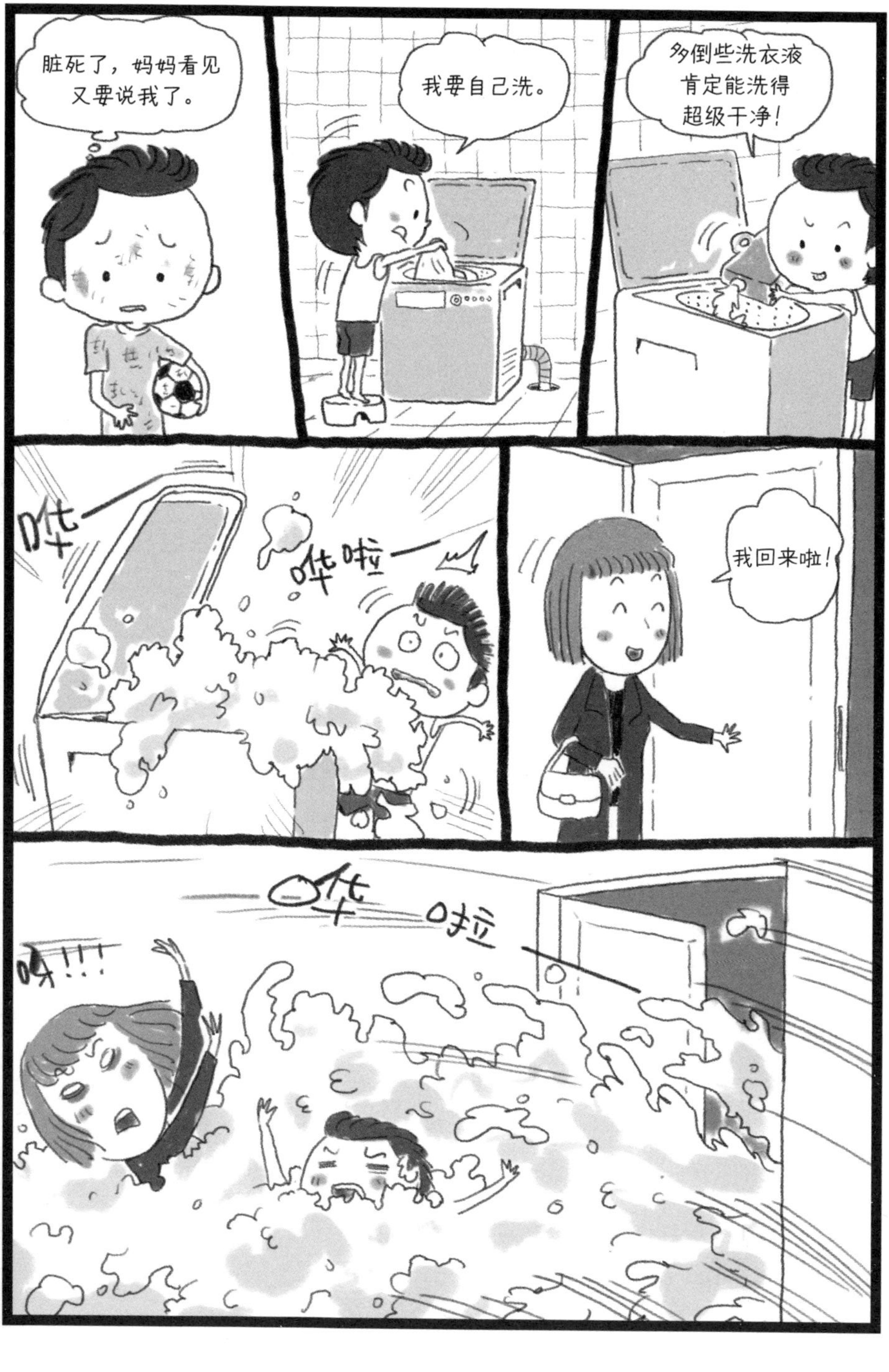

脏死了，妈妈看见又要说我了。
我要自己洗。
多倒些洗衣液肯定能洗得超级干净！
哗
哗啦
我回来啦！
呀!!!
哗
啦

## 54 学会收纳，整理好自己的物品

整理收纳是我们掌控自己美好人生的充分证明。

"我的房间我做主！为什么不能让它乱着？"每当被催着整理房间时，你是不是都会有类似的想法？那么，当你急着找某个东西却怎么也找不到的时候，你是否又会心情烦躁地想："为什么没把房间收拾一下呢？"

整理物品，不仅能让空间变得整洁，还能让你快速准确地找到自己需要的东西，让你的心情更加舒畅。另外，整理的过程也是一个充分证明自己解决问题能力的过程。

整理收纳时，你可以像将军一样"排兵布阵"，将你的士兵——各种各样的物品一一归类。你需要充分了解物品的特点和自己的使用习惯及偏好，再确定分类方法。比如，你可以按照尺寸、材质、使用频率的不同来对文具进行分类。

分类是整理的基础，然后就要"断舍离"了。这意味着你要学会选择，判断哪些物品要"留"，哪些物品要"弃"。如果某个东西实在用不到，丢掉又觉得可惜，你可以考虑卖出或送人，让这件物品去更需要它的地方继续发挥价值。

所以说，整理的过程实则也是对自己生活的决策、统筹过程，可以帮助我们锻炼自己的领导力、判断力，助力我们掌控自己的美好人生。

109

## 55 养成把东西放回原处的好习惯

能做到物归原位,说明你的行动力、意志力以及规划能力都很棒。

"铅笔盒里的橡皮去哪儿了?""明明还在手边的水壶什么时候不见了?"……据说一个人每年至少有 7 周的时间都在找东西的烦恼中度过。如何才能让我们的时间更宽裕、生活更加自在有余呢?其实很简单,只需记住下面三句口诀。

1. 我的物品要回家。为你的物品规划出方便取放的固定位置作为它们的"家",每次使用完毕都物归原处。当你意识到东西还没"回家"的时候,就立刻动手整理,重新调整。

2. 我的东西我做主。你或许已经习惯了父母帮忙把生活物品整理得井井有条,甚至还会责怪他们把你的东西"收拾没了"。但只有把自己当成"主人翁",主动做好安排,你才能真正成长为独立自主的小大人。

3. 及时盘点不会晚。设置时间节点,养成定期检查的习惯。如每天睡觉前抽出两分钟,按照"一文具、二课本、三衣服、四水壶、五雨伞等"的顺序帮物品"点名";写完作业立刻整理桌面,及时清点并收纳学习用品和课本。

其实,培养物归原处的习惯也是在培养你的秩序感和逻辑性。另外,利用每年节省下来的找东西的时间,我们将更好地享受生活。是不是很心动,赶紧行动起来吧!

欢迎来我家
做客呀！
我们一起
看漫画书吧。
欸？放到
哪里去了
……
要不我们一起
画画吧。
好
吧
画笔都去哪里了……
欸，你有羽毛球
拍呀，要不我们
出去打会儿羽毛
球吧……
羽
毛
球
要不我还是先帮你整理一下，
咱们把东西物归原位吧。
空

## 56 被子里的秩序感

> 每天睁开眼就能完成的第一件小事，是一个美好的心理暗示。

每天早上，睡眼惺忪的你迷迷糊糊地爬起来，在老妈不断催促的厉声中不情不愿地、慢吞吞地把被子叠成一个方块状的物体。"反正晚上又要盖了，被子不叠又会怎样？"这样的疑问总是在脑中盘旋。

你肯定听说过解放军叔叔叠"豆腐块"的故事吧？在作战时，这是要做好随时把被子打包好背上紧急集合的准备。在和平年代，新兵入伍的第一课是整理内务，其中最重要的功课就是"磨被子"。一床合格的"豆腐块"要经历"铺""平""折""掏""叠""捏""摆""修""整"九道工序。这是为了磨炼军人的耐性和服从性，打磨军人的品性和棱角，维持军队令行禁止的战斗力。

作为普通人，我们并不需要做到那样极致，但通过叠被子仍可以感受到油然而生的秩序感。另外，我们还可以把叠被子当成昂扬迎接新一天的仪式。这是我们每天睁开眼就能做好的第一件小事，也是一个美好的心理暗示。每天坚持把小事做好，我们的自控力会越来越强。滴水穿石，终会有更大的收获。不过，要记得先把被子抖一抖，晾一晾，再叠起来，以免滋生螨虫和细菌。

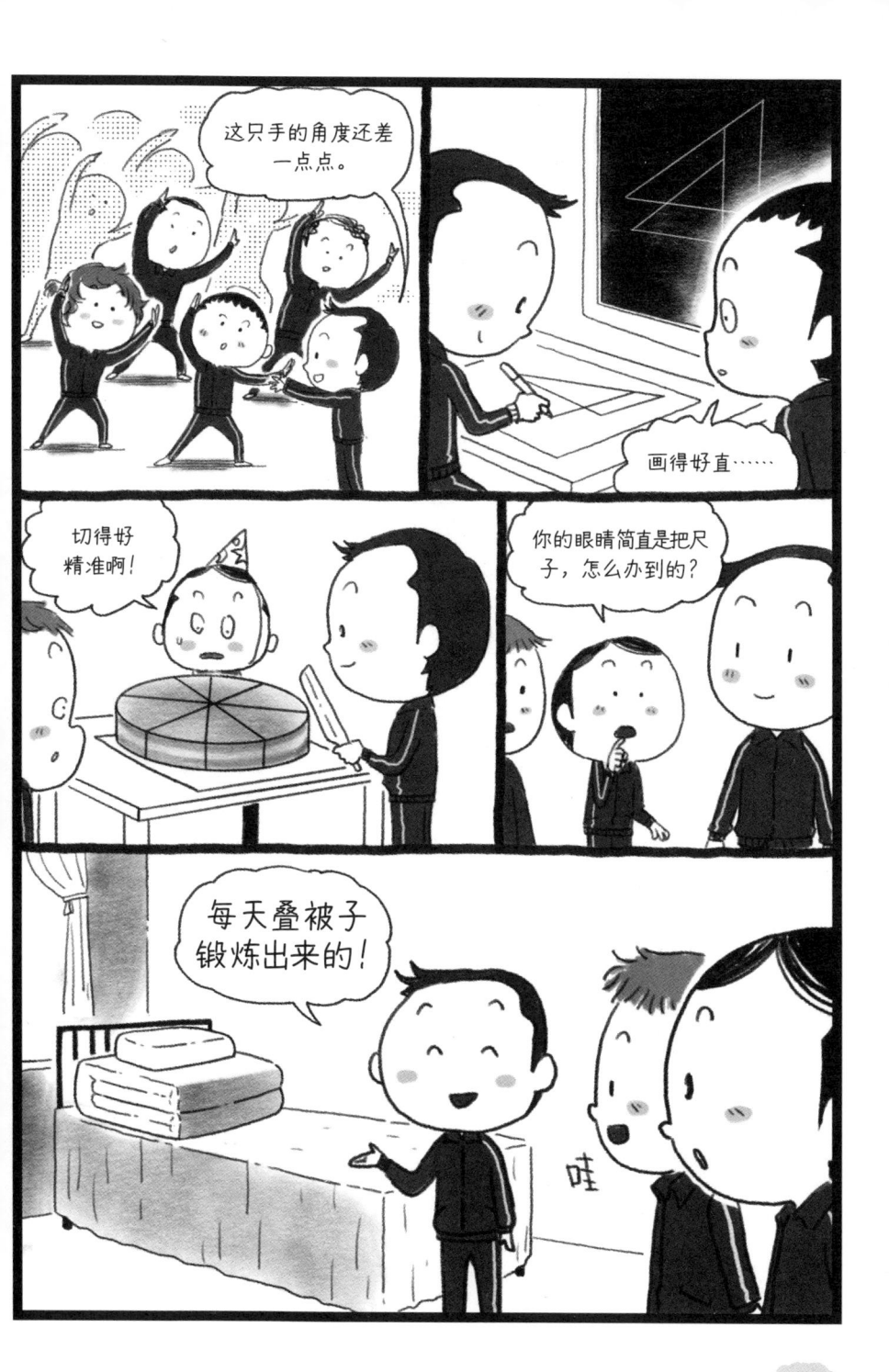
这只手的角度还差一点点。
画得好直……
切得好精准啊！
你的眼睛简直是把尺子，怎么办到的？
每天叠被子锻炼出来的！
哇

## 57 家具被划破，自己来修补

你的智慧和双手可以让家具这个老伙伴焕新生。

你有一个特别喜欢的木制衣柜，它陪伴着你长大，可是有一天，你不小心用锐器将它碰出了一道划痕，这可如何是好？

不用慌，你的手上可能就有绝佳的修补小工具——蜡笔。木质家具表面通常都有一层漆，对于这种漆面处的轻微划伤，可以选用与家具颜色相同的蜡笔或颜料涂抹在划伤位置，覆盖外露的底色，然后再拿出妈妈的透明指甲油薄薄地涂一层，划伤处瞬间就能恢复如初。另外，你绝对想不到，除了蜡笔，柠檬、山核桃等意想不到的食材居然也都是修补木制家具划痕的有力工具。

在物质生活极大丰富的当下，家家户户都有各种各样材质的漂亮家具。但家具只要使用，就免不了遭遇磕碰、划损或变老旧等情况，随便丢弃不仅是对物质和钱财的极大浪费，还等于轻易抛弃了它们陪伴我们共同成长的宝贵回忆。

所以，是时候展示一下我们聪明的头脑和强大的动手能力啦。除了前面提到的小窍门，五金店绝对是我们自己修补家具的宝藏库，跟父母一起去逛逛，找找自己心仪的材料，一起想办法让家具们焕发新生吧。

妈妈的口红

呼!! 呼 咔

妹妹的水彩笔

哇!! 哈哈—

要不给它打打蜡吧……

蜡笔

咦,居然真的看不出来了!

## 58 怎样为自己打造一个独处空间？

遵循自己的审美，听从自己内心的呼唤，打造属于自己的独处空间。

随着年龄增长，你是否已经开始想要关上卧室门，回到自己的空间，不受任何人打扰地思考问题？如果是的话，恭喜你，你已经有了"独处空间"的需求。独处空间的需求是随着成长悄然浮现的，这说明你离长大又近了一步。

想在独处时感到更加安心舒适，你可以自己打造一个独处空间。每个人喜欢的独处空间都不一样，没有统一的标准。那些你喜欢的明星海报、你收到的精美礼物、你通过努力赢来的奖状，所有对你来说重要的东西，都可以将你的独处空间装饰得独一无二，彰显出你的独特个性。你相信吗？曾有一个美国行为观察专家，通过一个房间就能大概推测出居住其中的人是什么样的性格、有什么样的爱好。

即使你没有独立的房间，一个阳台、一张书桌也可以变成你的独处空间。在那里，你是绝对的主宰，可以思考，可以放空，可以做任何你在外面不好意思做的事。当然，你也可以什么都不做。

你的独处空间或许很小，却可以成为你的专属世界。这个小小的世界给你宁静，让你心有所属，也给你勇气，帮你走向外面更大的世界。

介绍我的独处空间
我最喜欢的独处方式就是画画，我的独处空间就是我的个人画展。
跟植物相处，能让我感觉内心平静。
我喜欢将宇宙搬到家中。
你的独处空间是什么样的呢？

## 59 有人来做客，我能做什么？

学着招呼客人是你跟成年人世界的一次"交手练习"。

家里来客人时，你是手足无措，内心抗拒，还是化身小"社牛"，侃侃而谈？如果把招呼客人视为与成人世界的"交手练习"，你该如何从容接招呢？

父母招待客人时必然想把家里最好的一面展现出来，在热情招待对方的同时，也会招呼你来问好，因为这最好的一面里，自然也包括你。身为孩子的你，面对陌生人时会因不知所措而选择回避是很正常的，并没有什么问题。但作为家庭的一分子，学会招待客人也是你长大的标志之一。

寒暄往往是第一步。面对初次到访的客人，看到父母招呼他们就座，你可以主动帮大家准备水果和小点心，大方地向对方问好，做个自我介绍，在大人们聊天时帮忙添置茶水。

大人们的聊天往往并不需要你过多参与，但如果客人主动同你说话，你最好大方应答。当然，你也不必强求自己变成一个能说会道的小孩，只要积极展现出友好就可以啦。

另外，如果客人里面有跟你年龄相仿的小客人，你作为小主人也要做好招待哟！

待客方式不是数学题，没有什么标准答案。实在手足无措时，就先问问父母吧。

叔叔阿姨，
这是我妈妈新买的葡萄，
你们尝尝好不好吃！
好有礼貌啊！
吃——
酸死了……
嗯，
好吃，
谢谢
……
客人走后
你今天
表现
很不错嘛！
当然，我可不想再做第一个
吃你买的酸葡萄的人了！
哈
哈
呜
……

# 60 如何成为一个受欢迎的小客人？

礼貌与尊重是做客时的基本原则。

你已经知道作为小主人该如何招呼客人了，那么，随着年龄增长，当你有了越来越多去别人家做客的机会时，你知道该如何做一个受欢迎的小客人吗？

身为客人，首先要牢记，自己来到的是别人家，就算主人说"别见外"，你也不可以真像在自己家一样随意。事实上，你作为小主人时希望客人做什么，不做什么，那么变身小客人时，做到遵守自己当小主人时的这些原则，就基本做对一大半了。

比如，根据预约时间前往，不早到或迟到；按门铃或轻轻敲门，同时使用得体的语言向主人示意自己到了；主人开门后礼貌问候，并双手递上自己准备的小礼物；受邀落座后，礼貌大方地与主人交谈；等等。另外，切记要尊重别人隐私，不随意翻动别人的东西。

如果主人留你用饭，先对主人表示感谢，并注意遵守餐桌礼仪。咳嗽或打喷嚏时，注意转过身用手捂住嘴，并及时说"抱歉"。用餐结束，等长辈离座后，自己再轻轻离开，同时再次向主人道谢。

临行前，对主人的招待表示感谢，礼貌地同主人告别，相信这时的你一定已经成为对方心中真正受欢迎的小客人了。

# 去别人家做客的不礼貌行为展览

真好吃！ 好吃！ 喷

我的！都是我的！ 啊啊

我就喜欢直接吞，不嚼。

先都尝一遍，哪个好吃吃哪个。

这家人做的饭可真难吃！

## 61 及时反省，自觉规范言行举止

在人际关系中，学会换位思考，利他就是一种利己。

强迫他人做不喜欢的事情、提出请求时不注重礼貌、霸占他人私人时间、过度问询他人私事、做错事情却拒绝道歉……这些不恰当的言行，你有做过吗？如果有的话，那你就需要反省一下喽！

带有蔑视、诋毁、侮辱或歧视的言行，会转化为一种否定、消极的心理暗示，伤害他人的心理健康。另外，如果你的这种言行过于频繁，也会让别人只关注到你的负面，只盯着你做错的事或他们认为你可能犯错的事不放，事事对你批评、指责。因而，自觉规范自己的言行举止，对树立良好的个人形象，建立健康的人际关系尤为重要。

要想规范言行，就要学会换位思考。正所谓"己所不欲，勿施于人"，你期待别人怎么对待你，你就要怎样对待别人。

当然，人非圣贤，孰能无过，不当言行终归难以避免。在出现不当言行后，一定要做到对自己的行为负责，不推卸责任，及时反省，真诚道歉。勇于承认错误本身就是一种改变，是你走向成熟的标志。哪怕你的道歉并不能获得对方原谅，你负责任的态度也一定会让别人对你改观，认为你值得信赖。

不要在校园里奔跑！成何体统！
居然迟到？就不能早起一会儿吗！
不用解释！
她好像不舒服……
第二天
糟糕，睡过头了，又不能跑……
快迟到了……怎么办……
快跑起来啊！还来得及！
……
对不起，我昨天……
没什么啦！
你跑得可真快啊，哈哈！

## 62 别人的夸赞，要大方回应

每一个真诚的夸赞都值得我们认真回应。

每次跟父母一起出门，遇到叔叔阿姨夸赞你懂事、礼貌、成绩棒时，你通常会怎样回应？是不是明明心里很高兴，行动上却只会躲在父母身边尴尬地笑，害羞得不敢说话？

受传统文化的影响，我们总是被提醒不要骄傲，不敢轻易地肯定自己。父母可能还会抢先你一步说"哪里哪里，他还差得远呢"，让你倍感委屈、迷惑，更加不知该如何回应。

可是，如果总是任由父母来替自己应对，就算我们心里知道父母只是谦虚，也免不了会产生自我怀疑——是不是我真的很差，不值得这样的夸赞——进而产生自卑心理，做任何事都畏畏缩缩，收到的夸赞自然也会越来越少。

要大方回应夸赞并不难，只需真诚感谢，简单说明自己是怎样做的，说清自己对赞美的感受即可。比如，阿姨夸你钢琴弹得好，你可以说："谢谢阿姨，最近确实练习得比较勤，听到您这样说，让我更有练习的动力了。"你可以平时自己多多练习，这样就会在遇到类似场景时脱口而出了。

所有努力获得的成果都值得赞美，任何由衷的夸赞也都值得我们认真回应。下一次，试着自己主动大方地去回应吧。

哎呀,这么小就帮妈妈拎东西,真懂事呀!

听说你舞蹈比赛拿奖啦,真厉害呀!

又长高啦,是个漂亮的大姑娘啦!

哎呀,谢谢阿姨,阿姨过奖了,都是妈妈教得好,哈哈哈——

发什么呆呢,快走了!

啊?阿姨还没夸我呢,怎么走了呢?

## 63 做个专属攻略，带着全家去旅行

自己制作专属旅游攻略，让旅行更快成行。

悠长的假期就要来啦！你是不是已经迫不及待要开启一次长途旅行，去海边撒欢儿，去林中亲近动物，去山顶看日出日落……世界那么大，肯定有很多让你心驰神往的地方。从今年开始，你可以试试做个旅游攻略，为全家当个小导游了。

先找张地图，确定下你的旅行目的地吧。初次尝试的话，可以先在自己所在城市附近选一个短途旅行的目的地。

确定具体行程前，可以先收集信息，了解当地的风土人情、景点与美食。这一步是最重要的，安排得当，会让整个旅程变得充实而有意义。

如果想去的景点太多，你可以按人文和自然，以及相互之间的方位关系、距离远近分类，整理出一个表格，再在每个小范围内筛选出自己最想去的地方。

美食攻略也是不可或缺的一部分，你可以翻书、上网甚至去看美食纪录片，发现当地的一些特色小吃。不过，最好不要离你选定的景点距离太远哟。

最后，旅行当然少不了住宿。虽然你还没有经济能力，但如果你能拿出一份详细的酒店性价比对比表格放到父母面前，我相信，你的这趟旅行绝对很快就能成行啦！

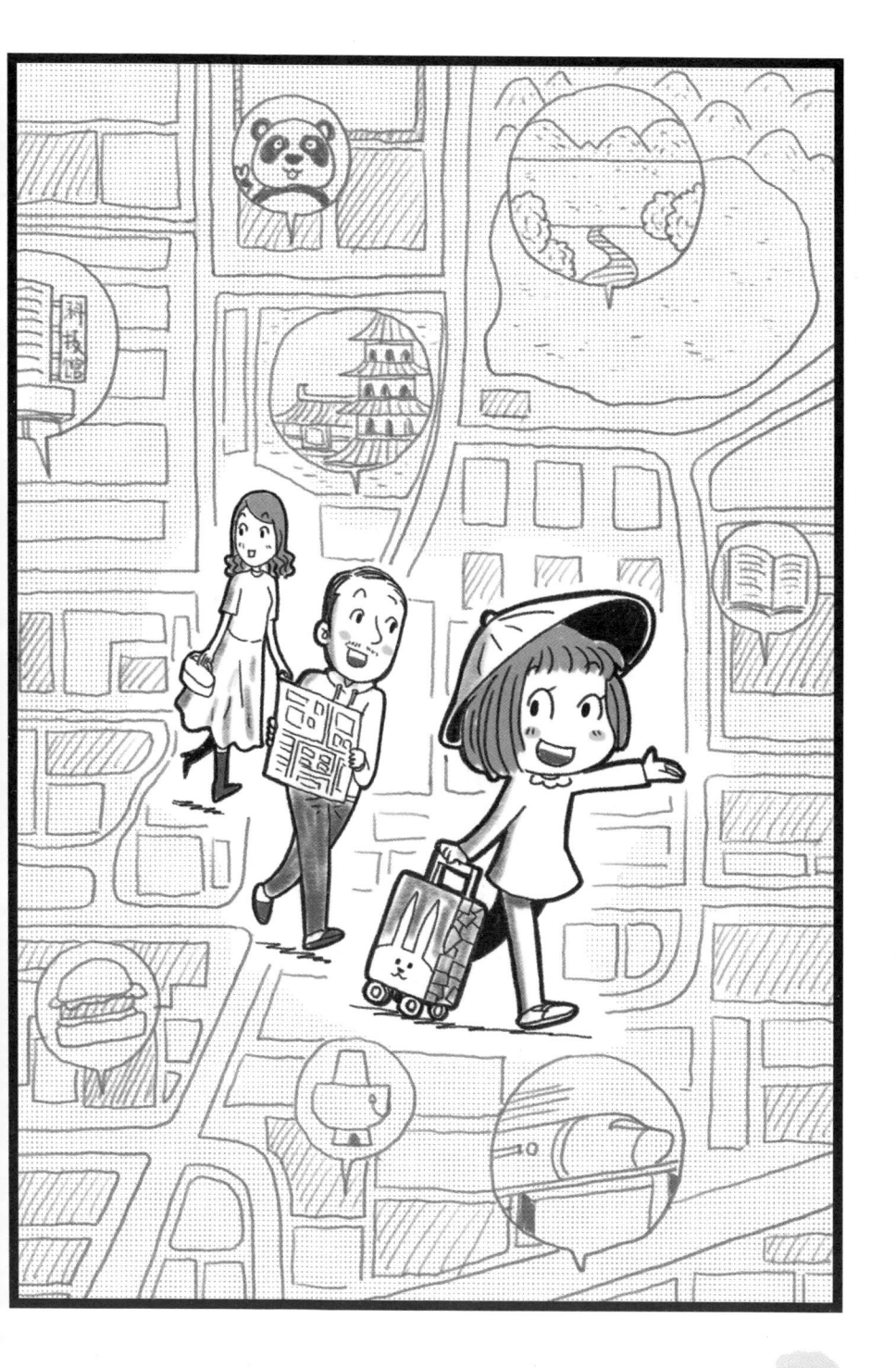
科技馆

## 64 记住父母的生日，为他们办一场生日会

记住父母生日看似事小，实则是你感恩之心的重要体现。

生日又要到了，你是不是已经开始暗暗期待今年的生日会了？那么，你有没有为爸爸妈妈办过生日会呢？

生日会是庆祝者给予寿星最纯粹美好的祝福，是一个人被爱着的最好证明，并不是小孩子的特权。《论语》有言："父母之年，不可不知也。一则以喜，一则以惧。"意思是子女必须知道父母的年龄，这样才能一边为父母的长寿而高兴，一边时刻挂心父母的健康。

父母对你有生养之恩，记住父母的生日，并在生日这天为他们办一场生日会，送上专属于你的特别祝福，是你表达感恩的绝佳方式。

生日会不必盛大隆重，你可以手工做拉花装饰屋子，买个财力范围内的小蛋糕，再送上最真挚的感谢与祝福。没有礼物也不要紧，比起花钱购买的昂贵礼物，你亲手绘制的生日贺卡、亲自表演的祝福歌舞，或许会更让他们感动并视作珍宝，因为那是你带着爱与感恩为他们献上的专属礼物。

看着父母灿烂的笑容，你或许会感受到比自己过生日更大的幸福，因为并非只有接受祝福才会感到快乐，奉献与付出也是收获幸福的方式。

我去加班咯！对了，老婆、儿子，你们记得今天是什么日子吗？
今天是周五吧……
今天我放假，怎么可能是周五，是周六啦！
你记得今天……
……
我真惨啊……
没人记得我生日，还要去加班，呜……
爸爸下班后
老爸生日快乐！
老公生日快乐哟！
生日快乐
原来你们都记得！
我太幸福了！

## 65 要不要在过年时为家人表演节目？

尊重自己的感受，按照自己的意愿去行动。

"快来，把你新学的歌唱给大家听听！""听说你在学跳舞，过年了，表演一段呗！"一到过年，亲戚朋友聚在一起时，你总免不了被要求表演才艺，或是父母主动提出，或是其他长辈请求。你不禁疑惑，难道给大人表演节目是孩子的必尽义务吗？

大人喜欢在聚会时提议让你表演，因为这是一个可以快速开启的共同话题。父母主动提议通常是他们以你为傲，想要向大家炫耀一番；而亲戚提议，则往往是想以此来表达对你们一家的亲近。然而，无论出于什么原因，他们都忽略了你是一个独立的人，有自己的意志和选择。无论你是感到不安，还是单纯只是不想表演，你都有尊重自己的感受，选择拒绝的权利。

不过，拒绝也要讲究时机和方法。当场拒绝很容易让大家陷入尴尬的境地，因此最好提前跟父母沟通，说清楚你的真实想法，真诚地恳求他们尊重你的想法，不主动提议让你表演，并在亲戚提议时主动帮你打掩护。你还可以选择一个大家都感兴趣的活动，岔开表演的话题。

当然，如果你改变主意想要尝试，那就大胆上前，将最好的自己展现给大家吧。

太好了，又可以表演节目获得大家的夸奖了！
要是没表演好，会被笑话的！
我的舞蹈练得那么熟，怎么会表演不好？
万一他们看完跳舞，又想让你这跑调王唱歌呢？
啊，那可怎么办……
这还不简单，直接拒绝表演！
可是那样爸爸妈妈会不开心吧……
唉
1
2
3
4
11
12
13
14
21
22
23
24
三十
春节
初二

## 66 年末大扫除，迎接新年的到来

大扫除是我们以崭新面貌开启新年生活的重要仪式。

每年腊月二十四，是家家户户掸扫除尘、迎接新春的日子。当妈妈提出要开始年末大扫除时，你或许会疑惑，年末大扫除跟我们每天都会做的打扫有什么区别呢？

其实，比起日常的打扫、整理，年末大扫除更像一次全家人分工有序的团建，是对旧生活的整理告别，对即将开启的新生活的积极迎接，是一次需要更加细心、全面对待的彻底清洁。

跟爸爸妈妈一起扫地、擦玻璃、洗窗帘、清洁厨房的角角落落……大扫除真正开始后，你会发现每日经过却几乎未曾留意过的地方，原来居然有那么多灰尘和污垢。

你或许会得到一块抹布，领到一个擦柜子和地板的任务。这时除了表面上的污垢，你尤其需要注意柜子与地板的边界、地毯与墙壁的接缝等边角处。如果还像平时一样速战速决，或许会被妈妈检查到缺漏而受到批评哟！

自尧舜时起，就有了"扫尘"习俗，已延续数千年。古人期冀以这种除尘布新的方式祛除疾病，迎新纳福。如今，通过年末大扫除，让房间变得干净整洁、井然有序，也是我们以崭新面貌开启新一年生活的"仪式感"。

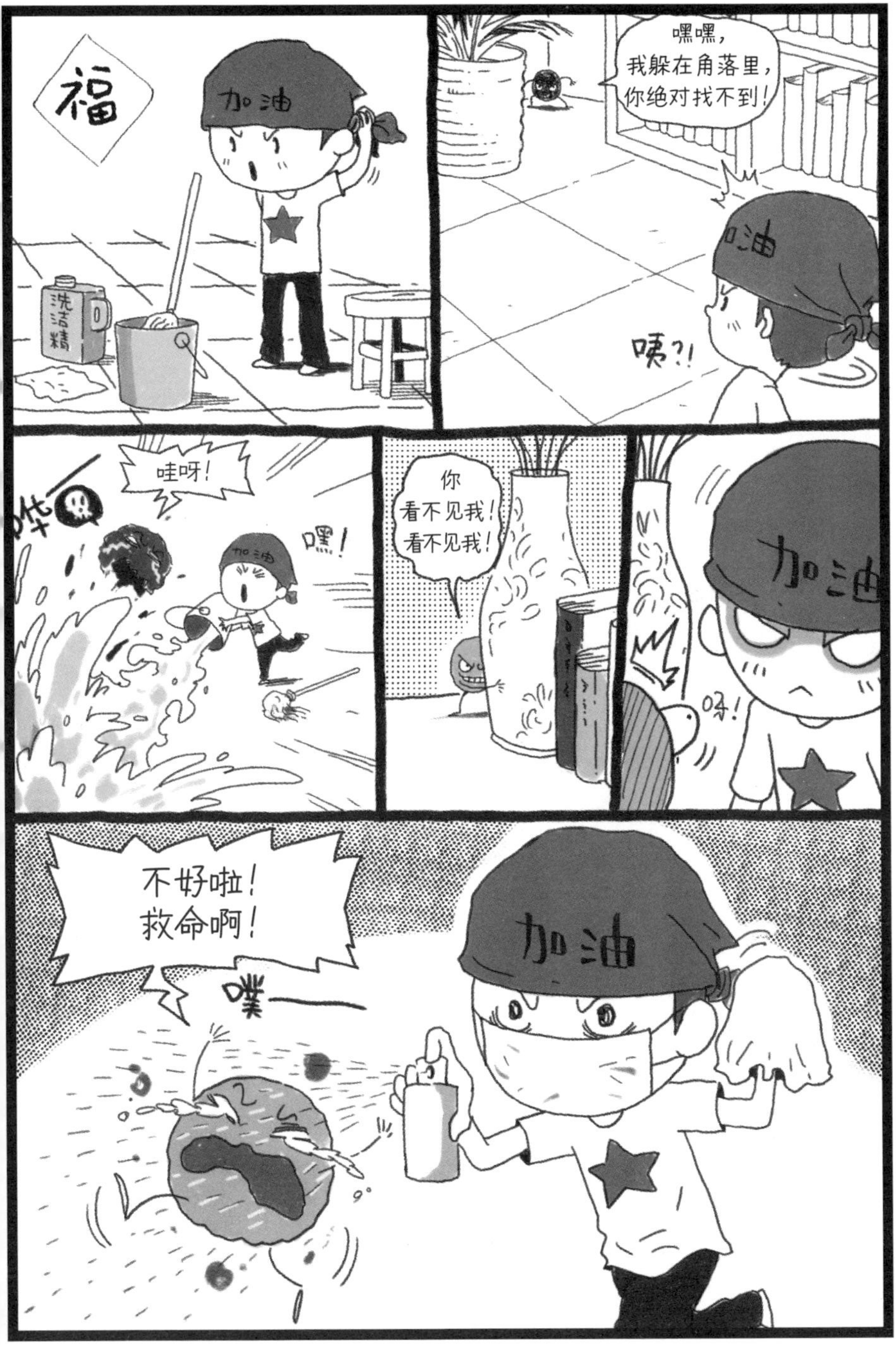
福
加油
洗洁精
嘿嘿，
我躲在角落里，
你绝对找不到！
咦？！
哇呀！
嘿！
你
看不见我！
看不见我！
呀！
不好啦！
救命啊！
噗——

图书在版编目（CIP）数据

力所能及的事 / 三五锄教育著；侯志绘. -- 昆明：晨光出版社，2024.9
（在我长大之前）
ISBN 978-7-5715-1909-4

Ⅰ.①力… Ⅱ.①三… ②侯… Ⅲ.①生活教育-小学-教学参考资料 Ⅳ.①G621

中国国家版本馆CIP数据核字(2023)第069531号

## 在我长大之前

## 力所能及的事

三五锄教育——著　侯志——绘

| 出 版 人 | 杨旭恒 |
|---|---|
| 项目策划 | 禹田文化 |
| 责任编辑 | 李　洁 |
| 项目编辑 | 孙淑婧 |
| 营销编辑 | 赵　莎 |
| 美术编辑 | 沈秋阳 |
| 装帧设计 | 沈秋阳 |
| 内文排版 | 史明明 |
| 责任印制 | 盛　杰 |

| 出　　版 | 晨光出版社 |
|---|---|
| 地　　址 | 昆明市环城西路609号新闻出版大楼 |
| 邮　　编 | 650034 |
| 发行电话 | （010）88356856　88356858 |
| 印　　刷 | 小森印刷霸州有限公司 |
| 经　　销 | 各地新华书店 |
| 版　　次 | 2024年9月第1版 |
| 印　　次 | 2024年9月第1次印刷 |
| 开　　本 | 145mm×210mm 32开 |
| 印　　张 | 4.5 |
| ISBN | 978-7-5715-1909-4 |
| 字　　数 | 86千 |
| 定　　价 | 29.00元 |

退换声明：若有印刷质量问题，请及时和销售部门（010-88356856）联系退换。